N. Hildebrand

Injektionen, Infusionen, Blutentnahmen leicht gemacht

N. Hildebrand

Injektionen, Infusionen, Blutentnahmen

leicht gemacht

3., neubearbeitete Auflage

Jungjohann Verlagsgesellschaft
Neckarsulm · Lübeck · Ulm

Zuschriften und Kritiken an:
Dr. Nikolaus Hildebrand, Schnurrgasse 4, 79423 Heutersheim oder Jungjohann Verlagsgesellschaft mbH, z. Hd. Hans Reuter, Königstr. 10, 23552 Lübeck

Wichtiger Hinweis
Die Erkenntnisse in der Medizin unterliegen laufendem Wandel durch Forschung und klinische Erfahrungen. Die Autoren dieses Werkes haben große Sorgfalt darauf verwendet, daß die gemachten (therapeutischen) Angaben – insbesondere hinsichtlich Indikation, Dosierung und unerwünschten Wirkungen – dem derzeitigen Wissensstand entsprechen. Das entbindet den Benutzer aber nicht von der Verpflichtung, anhand der Beipackzettel zu verschreibender Präparate zu überprüfen, ob die dort gemachten Angaben von denen in diesem Buch abweichen, und seine Verordnung in eigener Verantwortung zu bestimmen.

Die Deutsche Bibliothek – CIP-Einheitsaufnahme

Hildebrand, Nikolaus:
Injektionen, Infusionen, Blutentnahmen – leicht gemacht / N. Hildebrand.
– 3., neubearb. Aufl. – Neckarsulm, Lübeck, Ulm: Jungjohann, 1995
2. Auflage u.d.T.: Hildebrand, Nikolaus: Injektionen und Blutentnahmen – leicht gemacht
ISBN 3-8243-1617-X

1. Auflage 1983
2. Auflage Oktober 1993
3. überarb. u. ergänzte Aufl. Oktober 1995

Satz: SRP GmbH, Lübeck
Layout & Gestaltung: Andreas Geisteier und Hans Reuter, SRP GmbH Lübeck
Grafik: Susanne Adler, Lübeck; Andreas Geisteier, Lübeck; Martin Polzer, Lübeck; Gerda Raichle, Ulm
Umschlag: Werner Spieß, SRP GmbH Ulm
Druck: Druckhaus Schwaben, Heilbronn

Printed in Germany

Vorwort

Nur knapp zwei Jahre sind vergangen und schon wird eine Neuauflage dieses Buches notwendig. Ich hoffe, daß es den inzwischen schon recht zahlreichen Lesern bei Erlernen und Ausführen der wichtigsten Injektions- und Infusionstechniken ein verläßlicher Helfer war.

Ich habe sämtliche Kapitel nochmals überarbeitet, versucht, mißverständliche Passagen neu zu formulieren und das Kapitel über Infektionskrankheiten erweitert.

Neu hinzugekommen sind die Kapitel über implantierbare Infusionspumpensysteme, Blutglukosebestimmung aus Kapillarblut, Punktion arterieller Gefäße sowie über grundsätzliche Aspekte der intraartikulären Injektion.

Ich habe versucht, die Anregungen und kritischen Hinweise meiner Leser zu berücksichtigen. Auch in Zukunft bin ich für jede diesbezügliche Unterstützung sehr dankbar.

Die grundlegenden Anmerkungen im Vorwort zur ersten Auflage gelten selbstverständlich unverändert: Dieses Buch ist ausdrücklich für Anfänger geschrieben. Es versucht, gerade auf jene Grundlagen genauer einzugehen, die beim üblichen Lernen am Vorbild oft zu kurz kommen und dennoch Voraussetzung für eine optimale Injektionstechnik sind.

Das Buch soll die ausführlichen Standardwerke zum Thema nicht ersetzen. Diese schildern jedoch seltene, nur von wenigen Fachleuten durchgeführte Injektionen oft sehr ausführlich, während gerade jene Kleinigkeiten als bekannt vorausgesetzt werden, die dem Anfänger bekanntermaßen schwer fallen.

Auch kann diese theoretische Einführung das praktische Üben nicht ersetzen. Vielleicht gelingt es jedoch, durch die Erörterung scheinbar nebensächlicher Details den Blick für jene Kleinigkeiten zu schärfen, die sonst oft vernachlässigt werden. Nur so läßt sich erklären, daß in der täglichen Routine von Praxis, Ambulanz und Station eine in allen Punkten korrekte Injektionstechnik die Ausnahme darstellt.

Auch dieses Mal gilt mein besonderer Dank dem Jungjohann Verlag und insbesondere meinem Lektor Herrn Reuter, der diese dritte Auflage engagiert begleitet hat und insbesondere bei Gestaltung und Ausstattung des Bandes wesentlich geholfen hat.

Im Herbst 1995

Nikolaus Hildebrand

Verwendete Symbole

Mit dem Delphin sind die Abschnitte gekennzeichnet, die Handlungsanweisungen geben.

Die Spritze weist auf Tips und wichtige Informationen hin.

Das Ausrufezeichen verdeutlicht Fakten, die Sie unbedingt beachten müssen, sowie Notfälle und die Erstmaßnahmen bei Notfällen.

Inhaltsverzeichnis

1 Juristische Aspekte

1.1 Juristische Aspekte der Injektion, Infusion und Blutentnahme

Körperverletzung

Nach ständiger Rechtsprechung handelt es sich bei jedem (auch ärztlichen) Eingriff in die körperliche Integrität um eine Körperverletzung. Diese Feststellung gilt auch für sämtliche Injektionen.

Juristisch ist es dabei primär nicht von Bedeutung, ob der Eingriff erfolgreich war oder nicht und ob er kunstgerecht oder fehlerhaft durchgeführt wurde.

Der betreffende Straftatbestand ist im StGB § 223ff geregelt.

§ 223ff StGB

„(1) Wer einen anderen körperlich mißhandelt oder an der Gesundheit beschädigt, wird mit Freiheitsstrafe bis zu drei Jahren oder mit Geldstrafe bestraft.

(2) Ist die Handlung gegen Verwandte aufsteigender Linie begangen, so ist auf Freiheitsstrafe bis zu fünf Jahren oder auf Geldstrafe zu erkennen.“

§ 226a StGB

„Wer eine Körperverletzung mit Einwilligung des Verletzten vornimmt, handelt nur dann rechtswidrig, wenn die Tat der Einwilligung gegen die guten Sitten verstößt.“

Ohne auf komplizierte juristische Feinheiten einzugehen, sollen einige grundsätzlich wichtige Überlegungen aufgezeigt werden. So ist ein Straftatbestand nach § 223 StGB in der Regel immer dann nicht gegeben, wenn eine Heilmaßnahme ohne wesentlichen Substanzverlust (z.B. ohne Körpergewebe zu entfernen) gelungen ist.

Bei Eingriffen, die zu wesentlichen Substanzveränderungen am Körper des Patienten geführt haben oder nicht erfolgreich verlaufen sind, müssen im allgemeinen bestimmte Voraussetzungen erfüllt sein, um den Straftatbestand einer Körperverletzung auszuschließen.

- Die Behandlung muß zu Heilzwecken indiziert gewesen sein. Dies kann neben den eigentlich therapeutischen Eingriffen auch für diagnostische oder prophylaktische Maßnahmen gelten, jedoch beispielsweise nicht für experimentelle Eingriffe, rein kosmetische Operationen oder für die Blutentnahme bei Blutspendern.
- Die Behandlung muß kunstgerecht (lege artis), d.h. unter Beachtung der anerkannten Regeln ärztlicher Kunst, durchgeführt werden.
- Der Eingriff muß mit Einverständnis bzw. mit der Einwilligung des Patienten erfolgen.

Die Einwilligung muß frei von Willensmängeln, also freiwillig und nicht aufgrund von Täuschung oder Irrtum erfolgen. Der Patient muß ausreichend über Art sowie Vor- und Nachteile des Eingriffs aufgeklärt werden. Allerdings kann der Patient auch auf eine Aufklärung verzichten.

Die Form der Einwilligung ist unerheblich, sie muß z.B. nicht unbedingt in Schriftform vorliegen, auch wenn dies aus Beweisgründen oft vorteilhaft ist. Allerdings sollte bei mündlicher Einwilligung ein Zeuge anwesend sein.

Fehlt eine der Voraussetzungen, erfüllt der Eingriff den Tatbestand der Körperverletzung, insbesondere bei

- gesundheitsverschlechternden oder substanzverletzenden Eingriffen
- fehlender Indikation
- nicht kunstgerechter Durchführung oder
- fehlendem Einverständnis des Patienten.

Eingriffe, die nicht zu den Heileingriffen gehören (also unter diesem Aspekt nicht indiziert sind), sind dann nicht rechtswidrig, wenn der Patient in den Eingriff einwilligt und dieser nicht gegen die guten Sitten verstößt (§ 226a StGB).

Delegation

Juristische Überlegungen zur Praxis der Injektion werden zusätzlich dadurch kompliziert, daß Injektionen oft nicht durch den Arzt durchgeführt, sondern an nichtärztliche Mitarbeiter delegiert werden.

Die Vielzahl der hierdurch entstehenden Fragen und Probleme kann in diesem Rahmen nur angedeutet werden. Vieles ist auch unter Juristen umstritten und nach wie vor Gegenstand zahlloser Diskussionen und Beiträge in der Fachpresse.

Die Delegation von Injektionen durch den Arzt setzt in Anlehnung an HAHN voraus:

- Weder die theoretische noch die praktische Komplikationshäufigkeit und -schwere des ins Auge gefaßten Eingriffs gebietet ärztliches Tätigwerden.
- Der Arzt darf nur an solche Personen delegieren, von denen er eine fehlerfreie Durchführung der zu übertragenden Aufgabe erwarten kann. Er muß sich in jedem Einzelfall dieser Fähigkeiten versichern, kann sich jedoch unter Umständen auf einen klinikúblichen Befähigungsnachweis (sog. „Spritzenschein") berufen.
- Der Durchführende muß vom Arzt über Art und Weise der Durchführung, über die Wirkungsweise oder über mögliche Komplikationen ausdrücklich unterrichtet werden.
- Der Arzt kontrolliert eventuell nachträglich die ordnungsgemäße Durchführung des Eingriffs.

Um den delegierenden Arzt, insbesondere in größeren Kliniken mit häufigerem Personalwechsel, von der ständigen neuen Überprüfung des Pflegepersonals hinsichtlich dessen Kenntnis der verschiedenen Injektionstechniken zu entlasten, wurde die Einführung eines schriftlichen Befähigungsnachweises, des sog. „Spritzenscheines", von verschiedenen Seiten empfohlen.

Obwohl dessen juristische Konsequenzen – besonders hinsichtlich der Entlastung des Delegierenden nach Komplikationen – häufig überschätzt werden, kann ein derartiger Befähigungsnachweis in Verbindung mit einer ausführlichen Dienstanweisung wesentlich zu einer Abgrenzung der Kompetenzen beitragen. Wir möchten deshalb mit freundlicher Genehmigung des perimed-Compliance-Verlages zwei von Fachjuristen ausgearbeitete Formulare abdrucken, die auf zahlreiche Fragen in diesem Zusammenhang eingehen.

1

Falls derartige Befähigungsnachweise in Kliniken eingeführt sind, müssen Pflegekräfte, die zu einer vom Arzt an sie delegierten Injektion nicht ausdrücklich berechtigt sind, diesen von sich aus darauf aufmerksam machen.

Anordnungs-, Durchführungsverantwortung

Der anordnende Arzt trägt grundsätzlich die Verantwortung für durch ihn veranlaßte und an Pflegepersonal delegierte Injektionen.

! Eine allgemeingültige Zuordnung der Zulässigkeit bestimmter Injektionsverfahren zu bestimmten Ausbildungsgängen gibt es nur in einer Hinsicht: Bluttransfusionen dürfen nur durch approbierte Ärzte durchgeführt werden.

Für subkutane und intramuskuläre Injektionen ist in der Regel davon auszugehen, daß examiniertes Pflegepersonal hierzu befähigt ist. Insofern genügt für diese Injektionstechniken der beschriebene „Spritzenschein“ als Grundlage für alle anordnenden Ärzte, ohne daß diese sich in jedem Einzelfall persönlich von den Fähigkeiten der Pflegekraft überzeugen müssen. Bei intravenösen Injektionen und Infusionen sind die Anforderungen aufgrund der höheren Komplikationsrate wesentlich größer. Zwar ist die häufig vertretende Auffassung irrig, daß intravenöse Injektionen grundsätzlich nicht durch Pflegepersonal durchgeführt werden dürften. Die intravenöse Injektionstechnik darf von Pflegekräften jedoch nur unter unmittelbarer Anleitung und Aufsicht eines Arztes erlernt werden. Intravenöse Injektionen, Infusionen und Blutabnahmen dürfen durch den Arzt nur ad personam, d. h. an eine einzelne bestimmte Krankenpflegeperson übertragen werden. Die Anordnung ist schriftlich festzuhalten. Die **Anordnungs**verantwortung verbleibt in jedem Fall beim delegierenden Arzt, die **Durchführungs**verantwortung geht, sofern die o.g. Bedingungen erfüllt sind, auf die ausführende Krankenpflegeperson über.

! Im Zweifelsfall dürfen und müssen nichtärztliche Mitarbeiter die Durchführung von Injektionen immer dann aus eigenem Interesse ablehnen, wenn sie sich deren Durchführung aus irgendwelchen Gründen nicht vollständig gewachsen fühlen.

Dienstanweisung

zur Durchführung von Injektionen, Infusionen und Blutentnahmen durch das Krankenpflegepersonal

1. Anordnung und Durchführung der Maßnahmen

1.1 Die Anordnung von Injektionen, Infusionen und Blutentnahmen ist Aufgabe des Arztes. Er trägt die Anordnungsverantwortung.

1.2 Die Durchführung dieser Maßnahmen kann er, soweit sie nicht wegen besonderer Umstände ärztliche Kenntnisse und Erfahrungen erfordern, durch schriftliche Anordnung im Einzelfall auf die dazu nach Ziff. 4. und 5. allgemein oder speziell ermächtigten Krankenpflegepersonen übertragen. Bezeichnet der Arzt die Krankenpflegeperson namentlich, so darf diese die Durchführung nicht auf andere ermächtigte Pflegepersonen weiterübertragen.

Die Übertragung der Durchführung von Injektionen und Infusionen (einschließlich des Wechselns der Infusionsflaschen) setzt eine schriftlich fixierte Anordnung des Arztes voraus, mit der das Medikament und seine Dosis sowie die Art und der Zeitpunkt der Applikation zu bezeichnen sind.

Die Pflegeperson trägt die Verantwortung dafür, daß sie die für die Durchführung geltenden Sorgfaltsmaßregeln und die ihr erteilten Anweisungen beachtet (Durchführungsverantwortung). Die allgemeine Überwachungs- und Beaufsichtigungspflicht des Arztes gegenüber dem Pflegepersonal bleibt unberührt. Die Weiterübertragung der durchzuführenden Maßnahmen von ermächtigten auf nicht ermächtigte Pflegepersonen ist unzulässig.

1.3 Wird in dringenden Fällen die Anordnung mündlich oder fernmündlich erteilt, so ist sie von der Pflegeperson, die den Auftrag entgegennimmt, schriftlich festzuhalten, dem Arzt zur Kontrolle vorzulesen, abzuzeichnen und dem Arzt so bald wie möglich zur Gegenzeichnung vorzulegen.

1.4 Die Bluttransfusion stellt eine ärztliche Maßnahme dar, die nicht auf Pflegepersonal delegiert werden kann. Diese Feststellung schließt nicht aus, daß der Arzt Krankenpflegepersonen zur Mitwirkung bei der technischen Durchführung solcher Maßnahmen heranzieht und ihnen die Überwachung einer laufenden Bluttransfusion überträgt.

2. Einwilligung des Patienten

Die Durchführung der in Ziff. 1 bezeichneten Maßnahmen erfordert in jedem Einzelfalle die Einwilligung des Patienten. Sie wird in der Regel stillschweigend dadurch erteilt, daß der Patient einer für ihn erkennbaren Maßnahme nicht widerspricht.

Verweigert der Patient aber seine Einwilligung oder widerruft er sie, so muß die Durchführung unterbleiben. Der Arzt ist in diesen Fällen unverzüglich zu unterrichten.

3. Komplikationen	Auf mögliche Nebenwirkungen und Gefahren, die mit der Verabreichung eines bestimmten Medikamentes verbunden sein können, hat der Arzt bei seiner Anordnung das Krankenpflegepersonal hinzuweisen. Ergeben sich für die beauftragte Pflegeperson wegen der Durchführung Zweifel oder Bedenken, so z. B. wegen einer Verschlechterung des Zustandes des Patienten zwischen der Anordnung und ihrer Durchführung, so ist unverzüglich eine nähere ärztliche Weisung einzuholen. Ergeben sich während oder nach der Durchführung Komplikationen, so ist der Arzt unverzüglich zu unterrichten.
4. Allgemeine Ermächtigung	Krankenschwestern, Krankenpfleger und Kinderkrankenschwestern, die auf Grund einer geregelten Weiterbildung und Prüfung die Anerkennung als Fachschwester oder Fachpfleger für Intensivmedizin besitzen, sind befugt, im Rahmen ärztlicher Anordnung **subkutane, intramuskuläre und intravenöse Injektionen, Infusionen und Blutentnahmen aus der Vene** durchzuführen.
5. Spezielle Ermächtigung	Krankenschwestern, Krankenpfleger und Kinderkrankenschwestern ohne eine solche formell anerkannte Weiterbildung sind befugt, diejenigen der unter Ziff. 4 genannten Maßnahmen durchzuführen, für die sie eine schriftliche Ermächtigung des leitenden Abteilungsarztes erhalten haben.
6. Krankenpflegehelferinnen/ -helfer	Krankenpflegehelferinnen und Krankenpflegehelfer, die dazu vom leitenden Arzt eine schriftliche Ermächtigung erhalten haben, sind befugt, im Rahmen ärztlicher Anordnung subkutane Injektionen durchzuführen.
7. Krankenpflegeschülerinnen/ -schüler	Krankenpflegeschülerinnen und -schüler dürfen nur zum Zweck ihrer Ausbildung und unter unmittelbarer Aufsicht und Anleitung eines Arztes oder einer damit beauftragten Pflegeperson, die selbst zur Durchführung dieser Maßnahmen ermächtigt ist, subkutane und intramuskuläre Injektionen sowie Blutentnahmen aus der Vene durchführen.
8. Notfälle	Die Verpflichtung zur Hilfeleistung in Notfällen, in denen kein Arzt erreichbar ist, bleibt durch diese allgemeinen Weisungen unberührt. In Notfällen hat jeder die beste Hilfe zu leisten, zu der er nach seinen persönlichen Kenntnissen und Fähigkeiten imstande ist.
9. Geltungsbereich und Bekanntgabe der Dienstanweisung	Die nach Ziff. 5 und 6 erteilten Ermächtigungen gelten für den Tätigkeitsbereich **in allen Abteilungen*)** **oder** in der________________________-Abteilung*) des Krankenhauses. Diese Dienstanweisung ist allen im Aufgabenbereich der Abteilung des Krankenhauses tätigen und allen neu eintretenden Ärzten und Pflegekräften gegen Unterschrift auszuhändigen.

____________________ ____________________

Unterschrift des leitenden Arztes — Unterschrift der leitenden Pflegekraft

Ich bestätige hiermit, diese Dienstanweisung zur Kenntnisnahme und zur Beachtung erhalten zu haben:

Datum ________________ ________________________________

Unterschrift des Arztes/der Krankenschwester/ des Krankenpflegers

*) Bitte Abteilung bezeichnen bzw. Nichtzutreffendes streichen!

Befähigungsnachweis

Auf Grund sorgfältiger persönlicher Prüfung durch den damit beauftragten Arzt

Herrn/Frau Dr. ______________________

wird der Krankenschwester, dem Krankenpfleger

Frau/Herrn ______________________

bestätigt, daß ihre/seine Kenntnisse und praktischen Erfahrungen sie/ihn befähigen, auf ärztliche Anordnung **in allen Abteilungen***) **oder**

in der ______________________-Abteilung*)
folgende Maßnahmen durchzuführen:

	ja	nein
subkutane Injektionen		
intramuskuläre Injektionen		
intravenöse Injektionen		
Anlegen von Infusionen		
Injektionen in liegende i.v.-Infusionen		
Blutentnahmen aus der Vene		

Die näheren Anweisungen zur Durchführung dieser Maßnahmen ergeben sich aus der ihr/ihm ausgehändigten Dienstanweisung.

Der leitende Arzt kann diese Bestätigung jederzeit einschränken oder widerrufen.

Datum ______________________

______________________ ______________________

Unterschrift der Krankenschwester/ des Krankenpflegers — Unterschrift des leitenden Arztes

*) Bitte Abteilung bezeichnen bzw. Nichtzutreffendes streichen!

1

1.2 Richtlinien für Impfungen und Blutentnahmen

Literatur
Liste der vom Bundesgesundheitsamt geprüften und anerkannten Desinfektionsmittel und -verfahren (12. Ausgabe) vom März 1994
Liste der nach den „Richtlinien für die Prüfung chemischer Desinfektionsmittel" geprüften und von der Deutschen Gesellschaft für Hygiene und Mikrobiologie als wirksam befundenen Desinfektionsverfahren. Stand 01.07.1994

I.

(1) Bei der Vorbereitung und der Durchführung von Impfungen und Blutentnahmen sind die Regeln der Asepsis zu beachten.

(2) Die zur Haut- und Händedesinfektion verwendeten Mittel müssen frei von vermehrungsfähigen Keimen (einschließlich Sporen) sein; sie müssen in den oben genannten Listen aufgenommen sein.

(3) Die Ärzte und das Hilfspersonal sollen vor Beginn der Impfung bzw. Blutentnahme und danach sowie vor jedem neuen Patienten bei der Durchführung einer Reihenimpfung die Hände desinfizieren. Grundsätzlich müssen bei Blutentnahmen Handschuhe getragen werden.

(4) Die Hautstelle, an der die Impfung bzw. Blutentnahme erfolgen soll, ist ebenfalls mit einem geeigneten Desinfektionsmitteln zu desinfizieren. Das Desinfektionsmittel soll mindestens 1 Minute auf die Haut einwirken, die vorgeschriebene Einwirkzeiten der Präparate sind zu beachten.

(5) Für jeden Impfling bzw. Probanden sind eine sterile Kanüle und eine sterile Spritze bzw. eine sterile Lanzette zu benutzen. Die Kanüle darf nur mit steriler Pinzette, Kornzange oder einer anderen Vorrichtung auf den Spritzenkonus aufgesetzt werden.

II.

Nach der Impfung bzw. nach der Blutabnahme sind die zur weiteren Verwendung bestimmten Instrumente zu desinfizieren. Hierzu sind ebenfalls Mittel der o.g. Listen zu verwenden. Die Spritzen und

Kanülen bzw. das Impfgerät sind durch wiederholtes Aufziehen und Ausspritzen von destilliertem Wasser zu spülen. Die Spritzen bzw. Impfgeräte werden dann zerlegt und die Einzelteile mit einem Tuch gründlich gereinigt. Es empfiehlt sich, nur Impfgeräte zu verwenden, deren Teile sich gut reinigen lassen. Es muß dann eine Sterilisation erfolgen.

III.

(1) Der Sterilisation soll eine Funktionsprüfung des Impfbestecks vorangehen. Die Spritzen bzw. die zu sterilisierenden Teile des Impfgeräts, Kanülen, Lanzetten, Pinzetten und Kornzangen müssen in Behältnissen sterilisiert werden, die den Sterilisationsvorgang nicht beeinträchtigen und Sterilität bis zum Impftermin gewährleisten. Grundsätzlich bietet es sich jedoch an, sterile Einmalartikel zu verwenden.

(2) Für die Sterilisation der Instrumente werden folgende Verfahren empfohlen:

- Dampfsterilisation im Autoklaven bei 121 °C oder 134 °C.
  Vor jeder Sterilisation hat eine Desinfektion und Funktionsprüfung zu erfolgen!
  Zur Sterilisation sind die Spritzen zu zerlegen und Mandrine aus den Kanülen zu entfernen. Bei einem Betriebsdruck von 1 atü entspr. 121 °C beträgt die Abtötungszeit 20 Minuten, bei einem Betriebsdruck von 2 atü. entspr. 134 °C 5 Minuten. Der komplette Sterilisationszyklus beträgt bei beiden Verfahren jedoch je nach Bauart des Sterilisators zwischen 55 bis 75 Minuten.
- Heißluftsterilisation bei 180 °C.
  Spritzen, die der Heißluftsterilisation unterzogen werden, müssen schwer schmelzbare Dichtungen besitzen. Die Sterilisation wird zweckmäßigerweise in Geräten mit Luftumwälzungen vorgenommen, um eine gleichmäßige Wärmeverteilung im Sterilisierraum und eine schnellere Durchwärmung des Sterilisiergutes zu erzielen.
  Die Abtötungszeit beträgt 30 Minuten, gerechnet vom Zeitpunkt, zu dem die zu sterilisierenden Gerätschaften eine Temperatur von 180 °C angenommen haben.

1

1.3 Abfallbeseitigung

Die Abfallbeseitigung, insbesondere auch die Beseitigung infektiöser Abfälle aus Praxen von Ärzten und Heilpraktikern, ist in mehreren Gesetzen und Verordnungen geregelt, so beispielsweise

- im Abfallgesetz vom 27. August 1986 (AbfG)
- im Bundesseuchengesetz vom 12. September 1990 (BSG)
- im Merkblatt über die Vermeidung und die Entsorgung von Abfällen aus öffentlichen und privaten Einrichtungen des Gesundheitsdienstes vom Mai 1994 (LAGA-Merkblatt).

Allgemein gilt § 2 des AbfG, der hier auszugsweise zitiert sei:

§ 2 Abfallbeseitigungsgesetz

(1) Abfälle sind so zu beseitigen, daß das Wohl der Allgemeinheit nicht beeinträchtigt wird, insbesondere dadurch, daß

- die Gesundheit der Menschen gefährdet und ihr Wohlbefinden beeinträchtigt,
- Nutztiere, Vögel, Wild und Fische gefährdet,
- Gewässer, Boden und Nutzpflanzen schädlich beeinflußt werden (...).

(2) An die Beseitigung von Abfällen aus gewerblichen oder sonstigen wirtschaftlichen Unternehmen, die (...) Erreger übertragbarer Krankheiten enthalten oder hervorbringen können, sind nach Maßgabe dieses Gesetzes zusätzliche Anforderungen zu stellen (...).

Dieses AbfG tritt am 27. September 1996 jedoch außer Kraft und das Kreislaufwirtschafts- und Abfallgesetz (KrW-/AbfG) vom 27. September 1994 tritt in Kraft. Die genauen Auswirkungen dieses Gesetzes sind jedoch noch nicht in vollem Umfang bekannt. Gesichert ist jedoch, daß als infektiös dabei insbesondere folgende Abfälle gelten:

- Körperteile und Organabfälle
- Abfälle, die mit Erregern meldepflichtiger, übertragbarer Erkrankungen behaftet sind oder bei denen dies zu befürchten ist.

Für die oben genannten Gegenstände schreibt § 10a des BSeuchG ausdrücklich vor, daß alle zur Abwendung einer möglichen Gefahr notwendigen Maßnahmen zu treffen sind, im Einzelfall auch die Vernichtung der betreffenden infizierten Gegenstände.
Die Gesundheitsämter können hierzu detaillierte Auskünfte erteilen.

Durch die Vielzahl von Vorschriften soll sichergestellt werden, daß kein gefährlicher oder infektiöser Abfall den Entstehungsort verläßt, ohne vorher entsprechend behandelt worden zu sein.

Grundsätzlich werden die Gefahren, die von üblichem Praxismüll ausgehen, wie z.B. Wund- und Gipsverbände, Einwegwäsche, Einwegartikel oder Einwegspritzen, soweit sie mit Blut, sonstigen Körperflüssigkeiten oder Ausscheidungen in Berührung gekommen sind, auch vom Gesetzgeber gering eingeschätzt. Ausnahmen bilden natürlich die oben genannten „infektiösen" Abfälle. In der Regel kann deshalb Praxismüll in kleineren Mengen ohne weitere Vorbehandlung dem normalen Hausmüll beigegeben werden.

Besondere Aufmerksamkeit ist dagegen dem Sammeln und Bereitstellen infektiöser Abfälle der Kategorie C, nach dem LAGA-Merkblatt, zu widmen. Diese Abfälle müssen in

- feuchtigkeitsbeständigen
- undurchsichtigen
- verschließbaren
- transportfesten

Sammelbehältnissen bereitgestellt werden.
Nicht alle meldepflichtigen Erkrankungen fallen hierunter, im LAGA-Merkblatt ist hierzu eine definitive Stellungnahme abgegeben worden.

Um Kanülen, Lanzetten, Ampullen und Skalpelle korrekt zu entsorgen, hat es sich in der Praxis bewährt und ist es auch vorgeschrieben, diese Artikel in eigens für diesen Zweck hergestellten Einweggefäße zu sammeln. Auf keinen Fall dürfen sie ohne besondere Vorsichtsmaßnahmen in die üblichen Plastikmüllbeutel geworfen werden. Dies ist insbesondere deshalb von Bedeutung, weil die meisten Infektionen (z.B. Hepatitis) durch unabsichtliche Verletzung an unsachgemäß entsorgten Kanülen ausgehen.

2 Injektionen

2.1 Vorteile und Nachteile

Vorteile der Injektionstherapie

Warum hat sich die Injektion von Medikamenten trotz der Weiter- und Neuentwicklung z.B. oraler, nasaler und transdermaler Applikationsformen behauptet und in Teilbereichen sogar an Bedeutung gewonnen? Warum injizieren wir Medikamente, obwohl wir hierbei zwangsläufig die körperliche Integrität unserer Patienten verletzen müssen, obwohl Injektionen meist mit Angst und fast immer mit Schmerzen verbunden sind?

- Es können Medikamente injiziert werden, die bei oraler Verabreichung im Magen-Darm-Trakt abgebaut werden wie z.B. Eiweißstoffe (z.B. Insulin).
- Die Wirkung des Medikaments ist bei Injektionen weitgehend unabhängig von der Compliance, d.h. der Einnahmezuverlässigkeit und -willigkeit des Patienten.
- Injektionen können unabhängig von der Bewußtseinslage des Patienten verabreicht werden. So können Medikamente auch bei Bewußtlosen injiziert werden, bei denen oral nichts zugeführt werden darf (Aspirationsgefahr!).
- Die Dosierung ist meist genauer möglich als bei oraler Gabe, da die unsichere und auch bei ein und demselben Patienten stark wechselnde Resorption im Magen-Darm-Trakt umgangen wird.
- Der Wirkungseintritt ist, insbesondere bei intravenöser Injektion, wesentlich schneller als bei oraler Verabreichung von Medikamenten.
- Durch besondere Maßnahmen kann bei injizierten Präparaten die Freisetzung des Wirkstoffes u.U. bis zu mehreren Mo-

naten verzögert werden. Auf diese Weise entstehen sog. Retard-Präparate mit langanhaltender Wirkung (z.B. Dreimonatsspritze zur Empfängnisverhütung, Depot-Insulin).

- Der psychologische Effekt, der zur eigentlichen Wirkung eines Medikamentes hinzutritt und ihn sogar ersetzen kann („Placeboeffekt"), ist bei injizierten Präparaten oft größer als bei der Verordnung von Tabletten. So ist trotz vergleichbarer Wirkung oraler Applikationsformen und wesentlich geringerer Komplikationsdichte die Injektion sog. „Antirheumatika" gängiger Brauch, nicht zuletzt, weil Patienten nach wie vor ihre „Rückenspritze" fordern.

Nachteile der Injektionstherapie

Im Vergleich mit der oralen, transdermalen oder nasalen Applikation von Medikamenten ist die Injektionstherapie jedoch auch mit charakteristischen Nachteilen verbunden.

Jede Injektion stellt zwangsläufig eine Verletzung der körperlichen Unversehrtheit des Patienten dar, die nur zu rechtfertigen ist, wenn mit alternativen Methoden keine vergleichbare Wirkung zu erzielen ist.

- Injizierte Medikamente lassen sich im Falle eines Irrtums z.B. weder durch induziertes Erbrechen noch durch die Gabe von Laxantien beschleunigt aus dem Körper entfernen.
- Es drohen die für die verschiedenen Injektionsarten typischen Risiken wie z.B. Infektion, Blutung, Nervenschädigung. Sie werden an gegebener Stelle ausführlicher besprochen.
- Die Injektionstherapie ist durch höhere Kosten belastet (teurere Galenik, mehr Material). Injektionen sind vergleichsweise aufwendig: Sie benötigen zusätzliche Zeit und entsprechend ausgebildetes, teures Personal.
- Durch die große Zahl von Injektionen und die dabei übliche Verwendung von Einmalartikeln fallen erhebliche Mengen teilweise infektiösen Materials an.
- Injektionen sind therapeutenzentriert und stellen einen der zahlreichen Schritte zur Entmündigung des Patienten dar.
- Die Verwendung von Injektionskanülen bringt für den Therapeuten ein zusätzliches Verletzungs- und Infektionsrisiko.

2.2 Hepatitis und HIV-Infektion

Hepatitis B

Es handelt sich um eine durch das gleichnamige Virus verursachte Infektionskrankheit mit einer Inkubationszeit von ca. 60 bis 90 Tagen, die ausschließlich Menschen und Primaten befällt.

Häufiger als bei der Hepatitis A finden sich bei der Hepatitis B schwere Verlaufsformen. So geht sie bei ca. 10 % der Erkrankten in eine chronische Form über, ca. 0,5 % der Erkrankten sterben im Verlauf der Erkrankung.

Die Übertragung erfolgt parenteral durch Transfusion von Blut und Blutprodukten (z.B. Faktor VIII und IX), Verletzungen (z.B. Nadelstich), perinatal und bei intensivem Kontakt (Viren in Speichel, Sperma oder Vaginalsekret gelangen über kleine Haut- und Schleimhautverletzungen ins Blut). Für eine Infektion genügt schon die außerordentlich kleine Menge von nur 10^{-6} ml (0,000001 ml) infektiösen Serums.

Die in der Praxis wichtigsten Übertragungswege sind Transfusion von Blut infizierter Spender, unsterile Injektionsnadeln, Spritzen, Skalpelle, Akupunkturnadeln oder zahnärztliche Instrumente. Auch die Verwendung der in vielen Reflexhämmern enthaltenen Nadeln zur Sensibilitätsprüfung kann die Krankheit übertragen.

Prophylaktische Maßnahmen

Ziel ist, jegliche Kontamination mit potentiell infektiösem Material zu vermeiden.

Schutz von Patienten und Personal

- Hygienische Händedesinfektion
- Wenn möglich und ökologisch vertretbar, Einmalartikel verwenden
- Mit infektiösem Material kontaminierte Instrumente *erst* desinfizieren, *dann* reinigen
- Verschmutzte Flächen sofort desinfizieren und reinigen, verschmutzte Wäsche sofort wechseln und entsorgen

- Vorschriften beachten, die die Entsorgung von kontaminierten Materialien, Wäsche und Geschirr sowie Ausscheidungen regeln.

Schutz des Patienten vor Infizierung

- Nur sicher sterile Materialien bei Injektionen und Blutentnahmen verwenden
- Unnötige Transfusionen vermeiden
- Rechtzeitig an Eigenblutspende denken.

Schutz des Personals vor Infizierung

- Handschuhe tragen, z.B. bei Blutentnahmen, Entsorgung von Ausscheidungen
- Schutzkleidung z.B. im OP, bei Wundversorgung
- Bei infektiösen Patienten bei jeder Pflegehandlung, die intensiveren körperlichen Kontakt oder Gefahr der Ansteckung beinhaltet, Handschuhe und Schutzkittel tragen
- Sorgfätiges Arbeiten, um Verletzungen zu vermeiden
- Atemmaske und Augenschutz, wenn Aerosole entstehen können (z.B. Absaugen)
- Laborproben bekannt infektiöser Patienten markieren
- Kein Verzehr von Speisen und Getränken in Arbeitsräumen
- Ggf. aktive oder passive Immunisierung (s.u.).

Handschuhe sollten *immer* getragen werden, wenn ein Kontakt mit Körpersekreten möglich ist.

Impfung

Seit über 10 Jahren ist eine aktive Impfung gegen die Hepatitis B möglich. Obwohl noch immer relativ teuer (die Kosten betragen ca. 250,– bis 400,– DM), ist sie allen Personen dringend zu empfehlen, die mit infektiösem Material in Berührung kommen können. Die Impfung hat, von lokalen Reaktionen und gelegentlichem leichtem Fieber abgesehen, praktisch keine Nebenwirkungen.

Angestellte müssen vom Arbeitgeber bei der Einstellung und bei gegebenem Anlaß auf die Möglichkeit einer Hepatitisimpfung hingewiesen werden. Der Arbeitgeber hat auch die durch die Impfung entstehenden Kosten zu tragen. Lehnen Arbeitnehmer trotz Aufklärung die Durchführung der Impfung ausdrücklich ab, so ist es vorteilhaft, dies schriftlich festzuhalten.

Nach vollständiger Grundimmunisierung mit drei Impfungen im Abstand von 1 und 6 Monaten sollte der Erfolg durch Bestimmung des Anti-HBs-Titers kontrolliert werden. Abhängig von der Höhe des Titers werden Kontrollen oder Auffrischimpfungen empfohlen.

2

Besteht der Verdacht einer Infektion (z.B. Verletzung mit einer möglicherweise Hepatitis B-kontaminierten Kanüle), gibt es die Möglichkeit der aktiv-passiven Simultanprophylaxe. Hierbei werden gleichzeitig mit der 1. Dosis der aktiven Immunisierung innerhalb von 6 h nach der Exposition 0,06 ml (= 12 I.E) Hepatitis B-Immunglobulin pro Kilogramm Körpergewicht intramuskulär injiziert. Bei massiver Infektion, z.B. nach Transfusion verdächtiger Blutkonserven, kann diese Dosis bis auf 0,12 ml (= 24 I.E.) Hepatitis B-Immunglobulin pro Kilogramm Körpergewicht erhöht werden. Nachteile sind die hohen Kosten des passiven Impfstoffs, die Gewinnung aus menschlichem Poolserum und die auf wenige Wochen begrenzte Wirkdauer. Die passive Impfung kann also allenfalls eine Notlösung für nicht aktiv Geimpfte nach möglicher oder wahrscheinlicher Hepatitis B-Infektion darstellen.

Die Hepatitis C

Die Hepatitis C ist die häufigste durch Fremdbluttransfusionen bedingte Leberentzündung. Sie wird in der Regel parenteral übertragen, verläuft in über 60 % der Fälle chronisch und ist eine der wichtigsten Ursachen für die Entstehung von Leberzellkarzinomen. Antikörper, die eine Früherkennung in betroffenen Blutkonserven ermöglichen würden, treten erst viele Monate nach Infektion auf. Zudem sind die heute verfügbaren Antikörper-Testkits noch recht unzuverlässig. Es gibt weder einen aktiven noch einen passiven Impfstoff. Die einzige Möglichkeit, eine Infektion zu verhindern, besteht in der strikten Einhaltung aller Hygieneregeln sowie in der weitestmöglichen Vermeidung von Fremdbluttransfusionen.

HIV-Infektion, AIDS

Bei der HIV-Infektion ist nach wie vor die Prophylaxe der einzig mögliche Ansatzpunkt.

Obwohl bisher die Übertragung von HIV durch Kanülenstichverletzungen selten zu sein scheint, vermuten manche Autoren, daß durch die äußerst geringe Menge infektiösen Materials bei diesem Infektionsmodus eine stark verlängerte Inkubationszeit und auch eine verspätete Serokonversion mögliche Infektionen verschleiern könnte.

Erfahrungen zur Behandlung von Stichverletzungen mit kontaminiertem Material liegen nur für Einzelfälle vor. Insofern sind die untenstehenden Therapievorschläge nur als vorläufige Empfehlungen zu verstehen. Gerade auf diesem Gebiet können neue Forschungsergebnisse schon in kurzer Zeit neue Vorgehensweisen notwendig machen.

Beachten Sie in jedem Fall, daß HIV-Patienten überdurchschnittlich häufig auch eine Hepatitis B übertragen können und deshalb die dort gegebenen Hinweise zur passiven Immunprophylaxe der Hepatitis B auch bei Kanülenstichverletzungen im Zusammenhang mit HIV-Patienten gelten.

Maßnahmen bei akzidentellen Nadelstichverletzungen mit HIV-kontaminierten Injektionskanülen

- Gründliche Reinigung, ausgiebige Desinfektion, möglichst mit glutarsäurehaltigem Desinfektionsmittel
- Unverzüglich 210 mg AZT (Retrovir®)
- 5x 250 mg AZT oral für mindestens 14 Tage (Medikament ist für diese Indikation nicht vom BGA zugelassen, Wirkung ist umstritten)
- D-Arzt-Verfahren einleiten, Meldung an Berufsgenossenschaft veranlassen
- Wenn möglich, HIV-Testung des Verletzten mit dessen Einverständnis. Kontroll-Tests bei negativem Ausfall nach 1, 3, 6 und 12 Monaten
- Hepatitis B-Impfstatus erfragen, ggf. Aktiv-/ Passiv-Impfung und Anti-HBs- und Anti-HBc-AK abnehmen.

2

2.3 Kanülen

Übersicht Kanülen					
Europ. Farbcode	**Außendurchmesser (mm)**	**Länge (mm)**	**G**	**Nr.**	**Geeignet für**
gelb	0,9	38	20	1	i.v. Injektion, Blutabnahme; i.m. Inj. bei Kindern
		55/60/70			i.m. Injektion
grün	0,8	38	21	2	i.v. Injektion, Blutabnahme; i.m. Inj. bei Kindern
		50			i.m. Injektion, Punktion der A. femoralis
schwarz	0,7	32	22	12	s.c. Injektion
		25/38			
violett	0,65	32	23	14	s.c. Injektion, Punktion der A. radialis
blau	0,6	26	24	16	s.c. Injektion, Punktion der A. radialis
lila	0,55	25	24	17	Punktion der A. radialis
braun	0,45	23	26	18	s.c. Injektion
grau	0,42	22	27	20	s.c. Injektion
orange	0,5	16	25		Heparinspritze
lichtblau	0,4	13	27		Insulinspritze

Stanzarme Injektionskanülen

Ein Grund für durch Punktionen verursachte Infektionen scheint die Verbringung von Stanzzylindern aus Epidermis und Subkutangewebe in die Tiefe des Gewebes zu sein. Diese Gefahr ist besonders groß bei großlumigen Punktionskanülen und bei scharf geschliffenem, spitzenfernem Rand der Kanülenöffnung.

Durch Entwicklung besonderer Kanülenschliffe wurde versucht, die Entstehung von Punktionszylindern zu verhindern.

Die besten Ergebnisse finden sich bei der Kanülenform nach HAINDL. Hierbei stellt eine besondere Schlifform (☞ Abb. 2.1) sicher, daß sich der spitzenferne Rand der Kanülenöffnung im „Windschatten" der Kanülenspitze befindet und zudem nicht scharf angeschliffen ist. So konnte im Modell gezeigt werden, daß Zahl und Größe in die Tiefe verbrachter Stanzzylinder abnahmen. Der Nachweis jedoch, daß hierdurch auch die Häufigkeit praktisch relevanter Infektionen abnahm, wurde meines Wissens bisher nicht überzeugend erbracht.

Praktische Bedeutung haben stanzarme Kanülen heute für die Punktion der Silikonmembranen subkutan implantierter Ports erlangt (☞ 3.5). Für diesen Zweck ließ sich überzeugend nachweisen, daß die Zahl möglicher Punktionen des Portsystems durch die Verwendung stanzarmer Spezialkanülen (Surecan®, Cytocan® von Braun) von ca. 100 auf bis zu 3000 Punktionen gesteigert werden konnte. Zusätzlich wird durch eine spezielle Härtung der Kanülenspitze erreicht, daß diese Spezialkanülen beim Auftreffen auf den Titanboden des Portsystems weniger leicht Widerhaken entwickeln. Hierdurch wird die Traumatisierung von Portmembran und Patientengewebe weiter verringert.

Besonders bei infektionsgefährdeten Techniken (z.B. Gelenkpunktionen) und bei abwehrgeschwächten Patienten, bei denen auch das an sich geringe Risiko einer Infektion überdurchschnittlich anwächst, sollten die geschilderten Spezialkanülen eingesetzt werden.

2

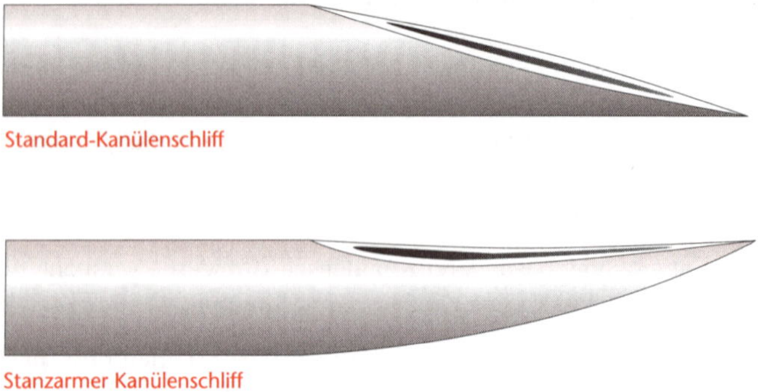

Abb. 2.1: Kanülenschliff

2.4 Vorbereitungen

Anordnung

Die Anordnung einer Injektion muß schriftlich vorliegen und folgende Angaben enthalten:

- Angaben zum Medikament
  - Handelsname
  - Ggf. Konzentration
  - Menge pro Gabe
- Art der Gabe (z.B. s.c., i.m., i.v.)
- Zeitpunkt und Häufigkeit der Gabe
- Ggf. Kontrollen (z.B. Blutdruck)
- Unterschrift des Anordnenden!

Bei einer Infusion müssen zusätzlich Flußrate (z.B. ml pro Min.), Zeitraum der Infusion (z.B. in 30 Minuten) oder Tagesmenge angegeben werden.

Patienten-Aufklärung und Einwilligung

(!) Die Aufklärung über Injektionen, Infusionen, Transfusionen und Blutentnahmen ist ärztliche Aufgabe.

Die Aufklärung muß die Notwendigkeit, Wirkungen und Nebenwirkungen sowie Komplikationen der Maßnahme umfassen. Das Ausmaß der Aufklärung richtet sich nach der Gefährlichkeit einer Maßnahme.

- Der Patient muß nicht vor jeder Blutentnahme oder Injektion (z.B. tägliche Heparin-Spritzen) aufgeklärt werden. Aber vor jeder Injektion oder Blutentnahme ist dem Patient die Gelegenheit zu geben, die Maßnahme abzulehnen: Sie können ihm z.B. sagen, daß Sie ihm seine tägliche Heparin-Spritze geben möchten: Der Patient weiß, was Sie machen wollen und hat jetzt die Gelegenheit abzulehnen.
- Dokumentieren Sie bei eingreifenden Maßnahmen die Aufklärung und Einwilligung.

Medikamenten-Kontrolle

Beachten Sie immer folgende Gesichtspunkte

Ampulleninhalt
Entspricht der Ampulleninhalt tatsächlich dem gewünschten Medikament? Viele Medikamente haben ähnliche Namen und sind dadurch leicht zu verwechseln.

- **Menge**
  Enthält die Ampulle die gewünschte Menge? Zahlreiche Medikamente werden in unterschiedlichen Ampullengrößen angeboten.
- **Konzentration**
  Enthält die Ampulle das Medikament in der gewünschten Konzentration? Es gibt beispielsweise Lokalanästhetika in Konzentrationen von 0,5 %, 1 % und 2 %, jeweils mit und ohne Zusatz von Adrenalin.
- **Applikationsform**
  Entspricht die Zubereitungsart des Medikaments der gewünschten Applikationsform? Einige Medikamente werden für s.c., i.m.- oder i.v.-Injektionen in unterschiedlicher Form hergestellt.
- **Lagerung**
  Wurde die Ampulle vorschriftsmäßig gelagert? Einzelne Medikamente (insbesondere Impfstoffe) müssen im Kühl-

schrank gelagert werden (Maximum-Minimum-Thermometer verwenden).

- **Verfalldatum**
  Ist das Verfalldatum noch nicht überschritten? Zahlreiche Medikamente sind nur begrenzt haltbar und dürfen nach einem auf der Packung aufgedruckten Verfalldatum nicht mehr verwendet werden.
- **Anzeichen für Verfall**
  Verwenden Sie niemals Medikamente, die durch *Trübung, Ausflockung oder durch eine Verfärbung* auffallen, es sei denn, im Beipackzettel ist ausdrücklich auf die Unbedenklichkeit dieser Veränderungen hingewiesen.
- **Schütteln**
  Muß der Ampulleninhalt vor dem Aufziehen geschüttelt werden oder nicht? Suspensionen müssen in der Regel geschüttelt werden, eiweißhaltige Lösungen nicht.
- **Temperatur**
  Muß der Ampulleninhalt vor der Injektion auf eine bestimmte Temperatur (z.B. Körpertemperatur) gebracht werden? Erwärmen Sie aus dem Kühlschrank entnommene Ampullen kurz in der Hand.

Checkliste Medikamente

- Richtiger Patient?
- Richtiges Medikament?
- Richtige Menge?
- Richtige Konzentration?
- Richtige Applikationsart?
- Richtig gelagert?
- Richtige Temperatur?
- Keine Verfallzeichen (z.B. Trübung, Ausflockung, Verfärbung)?
- Richtig vorbereitet (z.B. geschüttelt, aufgelöst, gemischt)?

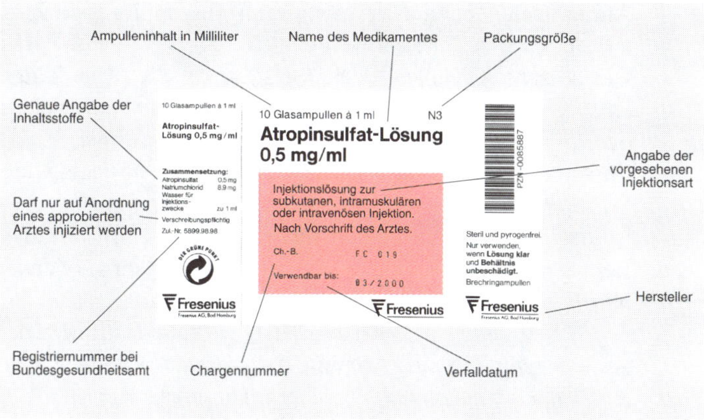

Abb. 2.2: Inhaltsangaben und Verwendungsvorschriften auf Ampullenpackungen am Beispiel Atropinsulfat® Fresenius.

Allgemeine Regeln

Injektionen und Infusionen sollen in einem abgeschlossenen Raum auf einer desinfizierten Arbeitsfläche vorbereitet werden. Als Reihenfolge ist zu empfehlen: Materialien zusammensuchen – Hände desinfizieren – auspacken – aufziehen.

- Öffnen Sie die *Verpackung von Einmalspritzen,* indem Sie Plastik und Papier an der vorgesehenen Stelle (beim Stempel der Spritze) auseinanderziehen (peel packs); bei dieser Methode werden Papier und Plastik für gesonderte Müllsammlung automatisch getrennt. Drücken Sie die Spritze *nicht* durch das Papier. Besonders wenn Sie am Ansatzkonus drücken, wird dieser leicht unsteril.
- *Mischen Sie nie* verschiedene Medikamente in einer Spritze, wenn dies nicht ausdrücklich so verlangt ist. Viele Medikamente sind inkompatibel und beeinträchtigen sich gegenseitig in ihrer Wirkung.
- Ziehen Sie Medikamente erst *unmittelbar vor ihrer Anwendung* in die Spritze auf. Medikamente sollten nach Öffnen der Ampullen nicht länger als 30 Min. gelagert werden.
- Falls Medikamente in der Ampulle in Pulverform vorliegen, verwenden Sie zum Auflösen *ausschließlich das beigepackte Lösungsmittel.*

2

Ausnahmen sind nur erlaubt, wenn sie im Beipackzettel ausdrücklich zugelassen werden.

- Die leeren Ampullen dürfen erst *nach der Applikation* entsorgt werden. Bis dahin muß klar erkennbar sein, welche Spritze welchen Ampulleninhalt enthält, indem z.B. die Spritze mit der Aufziehkanüle in die Ampulle gesteckt wird. Sicherer ist es, die Ampulle an die Spritze zu kleben, dies ist jedoch zeitaufwendig und verkompliziert die Entsorgung.
- Benutzen Sie die Kanüle, die Sie zum Aufziehen verwendet haben, nicht zur Injektion (Sterilität).
  (!) Achten Sie besonders darauf, daß Sie beim Einführen der Aufziehkanüle in eine Ampulle nicht mit der Kanülenspitze die Ampullenaußenwand berühren. Diese ist nicht steril!
- Sofern Sie die Spritze nicht später wechseln müssen wie z.B. bei der Blutentnahme, sollten Sie die Kanüle durch eine halbe Drehung fest auf die Spritze aufschrauben. Insbesondere bei i.m.-Injektionen bleibt sonst die Kanüle beim Herausziehen leicht im Gewebe stecken.
- Besonders bei Medikamenten, die zu Allergien führen können (z.B. Antibiotika) oder hautschädigend sind (z.B. Zytostatika), sind Hautkontakt und Inhalation zu vermeiden: Handschuhe, ggf. Atemmaske und Abzugshaube.
- Notieren Sie insbesondere bei irgendwelchen *Zwischenfällen* die Chargennummer des verwendeten Präparates. Soweit noch vorhanden, sollten Sie in diesem Fall leere Ampulle und Verpackung zur weiteren Überprüfung aufbewahren.
  (!) Bei der Injektion von Blutprodukten (außer Albumin) *muß* die Chargennummer dokumentiert werden.
  Auch in den neuen internationalen Impfausweisen ist die Dokumentation der Chargennummer vorgesehen.
- Entsorgen Sie *gebrauchte Spritzen und Kanülen* so, daß Sie sich und andere nicht gefährden. Sammeln Sie Kanülen deshalb in einem geeigneten Glas- oder Hartplastikbehälter.

(!) Stecken Sie die benutzte Kanüle auf keinen Fall in die Plastikschutzhülle zurück! Dies ist nach den Unfallverhütungsvorschriften der Berufsgenossenschaften nicht erlaubt und in der Praxis eine der häufigsten Ursachen für Kanülenstichverletzungen.

Aufziehen aus Ampullen

Unterschiedliche Autoren vertreten verschiedene Ansichten zur Notwendigkeit der Desinfektion des Ampullenäußeren vor dem Öffnen der Ampulle.
Nach vorangegangener Desinfektion muß eine sterile Ampullensäge verwendet werden. Anschließend müssen auch bei Brechampullen, die nicht mittels Ampullensäge vorbereitet werden müssen, zum Aufbrechen sterile Tupfer bzw. sterile Handschuhe benutzt werden, die dann allerdings durch das Aufbrechen unsteril werden. Es muß bedacht werden, daß der Ampulleninhalt – auch bei vorangegangener Desinfektion des Ampullenäußeren – nicht mehr als steril gelten darf, sobald Glassplitter zerbrochener Ampullenköpfe in den Ampulleninhalt gefallen sind. Besonders bei infektionsgefährdeten Injektionsarten (intraartikulär, intramuskulär) wäre die Ampulle in diesem Fall zu verwerfen.
Zusammenfassend kann empfohlen werden, daß eine Desinfizierung des Ampullenhalses bei intraartikulären Injektionen erforderlich ist, nicht aber bei s.c., i.m. und i.v. Injektionen.
Der oft undifferenziert gegebene Rat, die Gummimembran von Durchstechflaschen in jedem Fall zu desinfizieren, sollte nicht übernommen werden. Durchstechflaschen zur einmaligen Verwendung sowie die Gummiverschlußkappen von Infusionsflaschen sind nach Entfernen der Verschlußkappe steril und können durch Desinfektionsversuche allenfalls „weniger steril" werden. Bei Durchstechflaschen zur wiederholten Verwendung sollten, sofern man nicht aus Sicherheitsgründen vollständig auf sie verzichten will oder kann, unbedingt sog. Sterifix®-Mini-Spikes verwendet werden. Diese erleichtern die wiederholte sterile Entnahme und filtern auch die zum Volumenausgleich in die Mehrfachentnahmeflasche eintretende Raumluft steril.

2

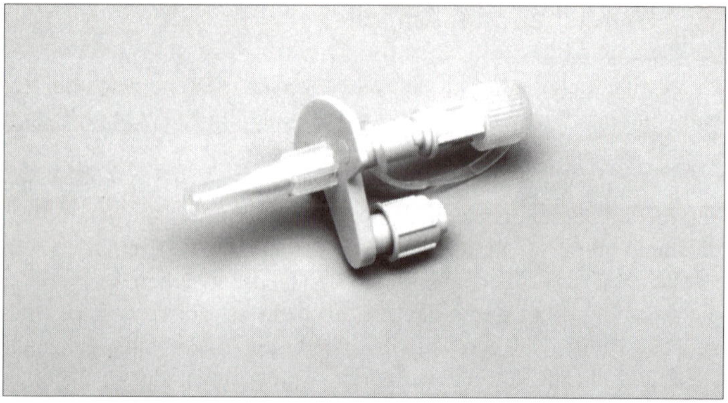

Abb. 2.3: Mini-Spike

Sind die Hände desinfiziert?

- Handelt es sich um eine *Brechampulle* (erkennbar am weißen Ring am Ampullenhals) oder muß die Ampulle aufgesägt werden?

  Manche Brechampullen sind auch nur durch einen (beliebigfarbigen) Punkt am Ampullenkopf gekennzeichnet. Hierbei muß die Ampulle von der Punktmarkierung weg aufgebrochen werden.

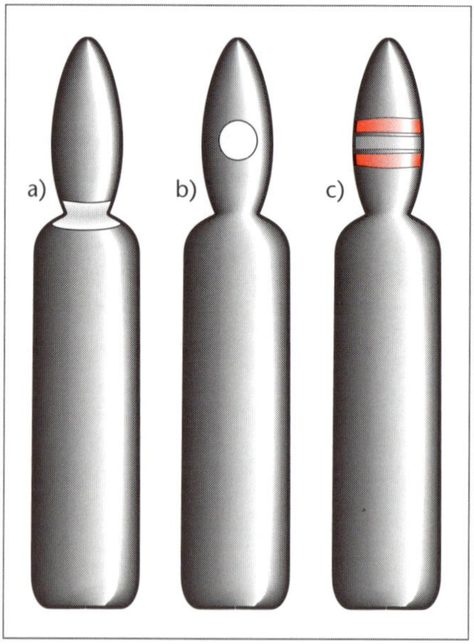

Abb. 2.4: Ampullen
a) Der (meist) weiße Ring befindet sich am Ampullenhals. Es handelt sich um eine Brechampulle.
b) Auch ein beliebigfarbener Punkt am Ampullenkopf weist auf eine Brechampulle hin.
c) Mehrere farbige Ringe befinden sich am Ampullenkopf. Hier handelt es sich nicht um eine Brechampulle, sondern um eine Kennzeichnung des Ampulleninhalts!

- Werfen Sie stumpfe Ampullensägen weg und stellen Sie sie nicht in das Aufbewahrungsglas zurück.
- Brechen Sie *Glasampullen* nur mit Hilfe eines Zellstofftupfers auf. Sie vermeiden so Verletzungen durch Glassplitter, falls der Ampullenhals zerbricht.

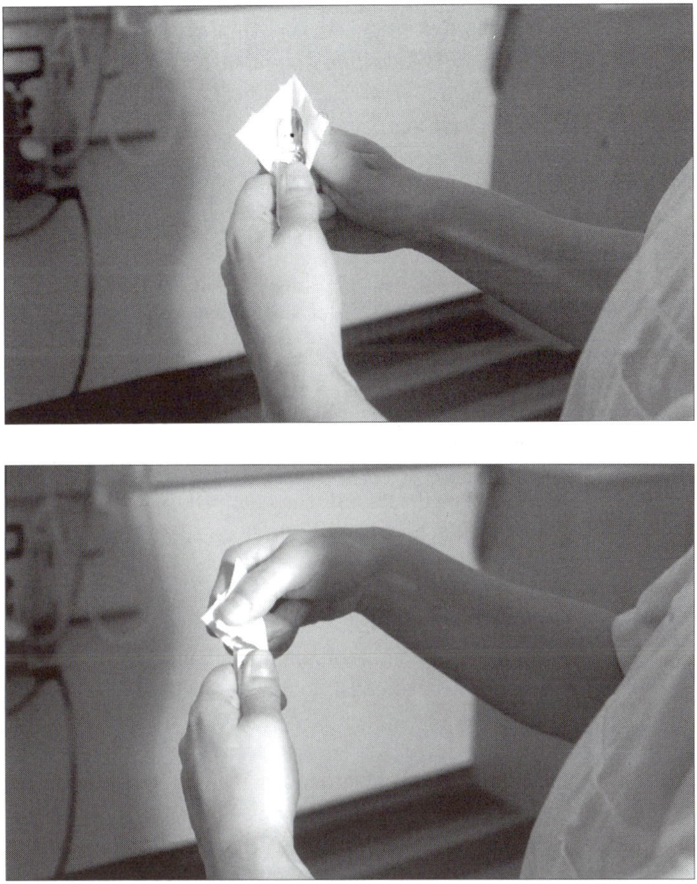

Abb. 2.5: Aufbrechen einer Ampulle mit Hilfe eines Zellstofftupfers

Falls der Ampullenhals zerbricht, können *Glassplitter* in die Injektionslösung gelangen. Verwerfen Sie bei billigen Medikamenten die Lösung. Ansonsten können Sie den Ampulleninhalt durch eine kleinlumige Kanüle (z.B. Nr. 20) aufziehen. Diese sollte dabei den Ampullenboden nicht berühren.

- Achten Sie beim Aufsägen einer Ampulle darauf, daß sich *keine Injektionsflüssigkeit im Ampullenkopf* befindet. Besonders bei kleinem Ampulleninhalt geht sonst viel von der Wirksubstanz verloren.
- Verwenden Sie zum Aufziehen ein Spritzenvolumen, das möglichst genau zum Volumen des Ampulleninhalts paßt. Ziehen Sie also beispielsweise nicht 2 ml Lösung in eine 10 ml-Spritze auf.
- Grundsätzlich sind zum Aufziehen des Ampulleninhalts wegen möglicher Glassplitter möglichst kleinlumige Aufziehkanülen zu verwenden.
- *Keine* Aufziehkanüle ist bei der Verwendung spezieller Ampullenformen notwendig, bei denen der Kopf-/Halsbereich der Plastikampulle durch seine besondere Form für das direkte Aufsetzen des Luer-Spritzenkonus vorbereitet ist.
- Ein Detail, das vielleicht auf den ersten Blick übertrieben zu sein scheint, jedoch einfach und ohne jeden Mehraufwand zu größerer Sicherheit beitragen kann: Atmen Sie nach Möglichkeit vom Aufbrechen der Ampulle bis zum Aufsetzen der endgültigen Injektionskanüle *ein.* Sie vermeiden dadurch die Kontamination von Ampulleninhalt und Kanüle durch Keime in Ihrer Ausatmungsluft, die dort zwangsläufig immer vorhanden sind.
- Legen Sie die *leere Ampulle unverwechselbar neben die Spritze,* stülpen Sie sie über den Kanülenschutz der Aufziehkanüle oder kleben Sie sie an der Spritze fest. Dies gilt besonders dann, wenn mehrere Spritzen auf einem Tablett liegen und wenn Sie die Injektionen nicht selbst durchführen. Dies erleichtert demjenigen, der die Injektion durchführt, eine abschließende Kontrolle. Im Zweifelsfall ist immer er für die Einhaltung der genannten Gesichtspunkte verantwortlich.
- Versehen Sie Durchstechflaschen bei der Erstentnahme mit dem *Datum.* Der Inhalt muß zu Injektionszwecken in der Regel am selben Tag oder zumindest innerhalb kurzer Frist verbraucht werden. Oft halten sich Medikamente in ange-

brochenen Durchstechflaschen länger, wenn diese zwischenzeitlich im Kühlschrank gelagert werden (Beipackzettel beachten!).

- z.T. verbrauchte Ampullen müssen weggeworfen werden.
- Entfernen Sie vor der Injektion *Luftreste* aus der Spritze. Drücken Sie dazu den Kolben langsam so weit nach vorne, bis ein winziger Flüssigkeitstropfen an der Kanülenspitze sichtbar wird.

(!) Spritzen Sie Medikamente auf keinen Fall so in die Luft, wie Sie es aus einschlägigen Fernsehfilmen kennen. Die umherfliegenden Flüssigkeitströpfchen können nach dem Einatmen zu bleibender Allergisierung führen (insbesondere bei Antibiotika).

Dosierung von Flüssigkeiten in Injektionsspritzen

Grundsätzlich gibt es beim Aufziehen von Flüssigkeiten in Injektionsspritzen zwei unterschiedliche Möglichkeiten der weiteren Verwendung:

(1) Die aufgezogene Flüssigkeit wird anschließend injiziert.

(2) Zusätzlich zu der aufgezogenen Flüssigkeitsmenge wird eine zweite Flüssigkeit in dieselbe Spritze aufgezogen und mit der ersten gemischt.

Diese Alternativen erfordern in der Praxis ein unterschiedliches Vorgehen, wenn hierauf auch oft nicht ausdrücklich geachtet wird. Die folgenden Überlegungen spielen insbesondere dann eine Rolle, wenn nicht einfach eine ganze Ampulle aufgezogen wird, sondern beispielsweise aus einer Durchstechflasche nur die im Einzelfall benötigte Menge entnommen werden soll.

2

Entnahme zur anschließenden Injektion

Beispiel: Entnahme aus einer Durchstechflasche

- Desinfizieren Sie den Gummistopfen der Durchstechflasche ausreichend lange (30 bis 60 Sekunden).
- Benutzen Sie zur Punktion der Durchstechflasche eine möglichst dünne Kanüle (Nr. 18 oder 20, bei öligen Substanzen Nr. 14 oder 18).
- Ziehen Sie zuerst in die Spritze soviel Luft auf, wie Sie an Volumen entnehmen wollen.
- Spritzen Sie die Luft aus der Spritze in die Durchstechflasche. Hierdurch entsteht in dieser ein geringer Überdruck, der sich bei der Entnahme des Medikaments wieder ausgleicht.
- Stellen Sie nun die Durchstechflasche auf den Kopf und entnehmen Sie etwas mehr Injektionslösung als der benötigten Menge entspricht.
- Schnipsen Sie die in der Spritze befindliche Luftblase nach oben und spritzen Sie dann diese Luftblase sowie zuviel entnommene Injektionslösung zurück in die Durchstechflasche.

Direkt vor der Injektion wird die Aufziehkanüle durch die Injektionskanüle ersetzt, die dann durch vorsichtiges Hochdrücken des Stempels entlüftet wird. Dadurch verbleibt nach der Injektion das Volumen der Injektionskanüle in der Kanüle. Dieser vom aufgezogenen Volumen nicht injizierte Rest beträgt z.B. bei einer 70 mm langen Kanüle Nr. 1 (gelb) unter 0,05 ml und kann vernachlässigt werden.

Entnahme zum anschließenden Mischen mit einer zweiten, nachgezogenen Flüssigkeit

Beispiel: Dosierung von 3,8%iger Natriumcitrat-Lösung zur Bestimmung der Blutkörperchensenkungsgeschwindigkeit nach Westergren.

Benutzen Sie zur Punktion der Durchstechflasche oder zum Aufziehen aus einer Ampulle, eine dünne Kanüle (Nr. 18 oder 20).

- Desinfizieren Sie den Gummistopfen gründlich und ausreichend lange (auch wenn dies in diesem Fall nicht so entscheidend ist, da Sie ja das entnommene Mittel nicht injizieren).
- Drücken Sie nach der Punktion der Durchstechflasche den Spritzenstempel bis zum Anschlag nach vorne, so daß sich außer dem Totraum des Kanülenansatzstückes keine zusätzliche Luft mehr in der Spritze befindet.
- Ziehen Sie den Spritzenstempel nun um genau so viele Skalenteile nach hinten, wie der gewünschten Flüssigkeitsmenge entsprechen.
- In diesem Fall bleibt eine geringe Luftmenge in der Spritze, deren Größe genau dem Totraumvolumen in Kanüle und Kanülenansatz entspricht. Entfernen Sie diese Luftblase nicht durch Zurückspritzen in die Durchstechflasche.
- Bei der BSG-Bestimmung wechseln Sie nun die Kanüle gegen die Kanüle zur Venenpunktion aus.
- Nachdem auch die zweite und eventuell weitere Flüssigkeitsvolumen in die Spritze aufgezogen wurden, ziehen Sie den Stempel abschließend bis zum Anschlag zurück, um Luft nachzuziehen. Durch diese Luftblase können Sie nun alle Flüssigkeiten vorsichtig miteinander mischen (nicht schütteln!).
- Falls Sie unterschiedliche Volumina verschiedener Lösungen nacheinander in ein und dieselbe Spritze aufziehen, beginnen Sie mit dem kleinsten Volumen. Hierdurch mischen sich die Lösungen schon beim Aufziehen und es besteht nicht die Gefahr, daß kleine Volumen nur den Totraum von Aufziehkanüle und Ansatzstück füllen.

2.5 Vorsichtsmaßnahmen bei Injektionen

- Praktizieren Sie nur Injektionstechniken, die Sie genau kennen und die Sie lange genug unter fachkundiger Anleitung geübt haben.
- Injizieren Sie ausschließlich Medikamente, deren Wirkung, insbesondere aber deren Nebenwirkungen und Gefahren Sie sehr gut kennen.
- Machen Sie sich vor jeder Injektion die mit dem injizierten Medikament verbundenen Gefahren klar.
- Überprüfen Sie, ob Sie die eventuell erforderlichen Maßnahmen der 1. Hilfe kennen und ob die dazu benötigten Geräte bzw. Medikamente vorhanden und gebrauchstüchtig sind.

- Überprüfen Sie alle verwendeten Geräte vor Gebrauch auf *Sterilität* (z.B. Farbe von Indikatorstreifen, intakte Verpackungen, Fremdkörper).
- Denken Sie daran, daß an intraartikuläre (d.h. in ein Gelenk) Injektionen besonders strenge Indikationskriterien zu stellen sind. Wenn überhaupt, dann sollten intraartikuläre Injektionen nur vom geübten Arzt unter streng aseptischen Bedingungen durchgeführt werden. Die Infektion eines Gelenkes kann zu dessen dauernder Versteifung führen.
- *Injizieren Sie nie in ödematöses, entzündetes oder infiziertes Gewebe.* Zum einen sind hier die Resorptionsverhältnisse sehr unsicher, zum anderen können – besonders bei bakteriellen Infektionen – Keime in die Tiefe verschleppt werden.
- Verwenden Sie nach Möglichkeit Ampullen und keine Durchstechflaschen.
- Lesen Sie bei Ihnen weniger bekannten Medikamenten grundsätzlich nochmals den Beipackzettel durch, bevor Sie sie verwenden.
- Waschen Sie grundsätzlich vor und nach jeder Injektion oder Blutentnahme die Hände mit einem für diesen Zweck zugelassenen, desinfizierenden Reinigungsmittel. Bei Blutentnahmen müssen Sie Handschuhe tragen.

  (!) Arbeiten Sie grundsätzlich so sauber, als wäre das Blut des betreffenden Patienten infektiös.

2.6 Die intrakutane Injektion

Die intrakutane Injektion hat im wesentlichen noch vier Anwendungsgebiete:

- BCG-Tuberkulose-Schutzimpfung
- Tuberkulin-Testung mit Alt-Tuberkulin
- Allergietestung
- Schmerztherapie mit Hautquaddeln.

Benutzt wird in der Regel die Kanülengröße Nr. 20. Als Spritzengröße empfiehlt sich in Anbetracht des sehr kleinen Injektionsvolumens von max. 0,1 ml die Verwendung von sog. Tuberkulinspritzen, die bei einem Volumen von 1,0 ml eine Teilung von 1/100 ml aufweisen.

Die für die Injektion ausgewählte Hautstelle sollte nach Möglichkeit keiner stärkeren mechanischen Beanspruchung ausgesetzt sein.

- Injektionsort desinfizieren (üblich, wenn auch wahrscheinlich nicht nötig).
- Stechen Sie die Kanüle mit nach oben gerichtetem Anschliff ganz flach in die Haut ein und schieben Sie sie ca. 2–3 mm vor. Achten Sie dabei insbesondere darauf, daß Sie einerseits nicht zu tief einstechen (dann liegen Sie subkutan), andererseits aber auch die Haut nicht beim Vorschieben durchstoßen.

Schon bei Injektionen von 0,1 ml muß sich eine deutliche Quaddel bilden. Ist dies nicht der Fall, so liegt die Kanüle falsch, nämlich schon subkutan. Die Kanüle muß dann entfernt und an anderer Stelle neu eingestochen werden.

2

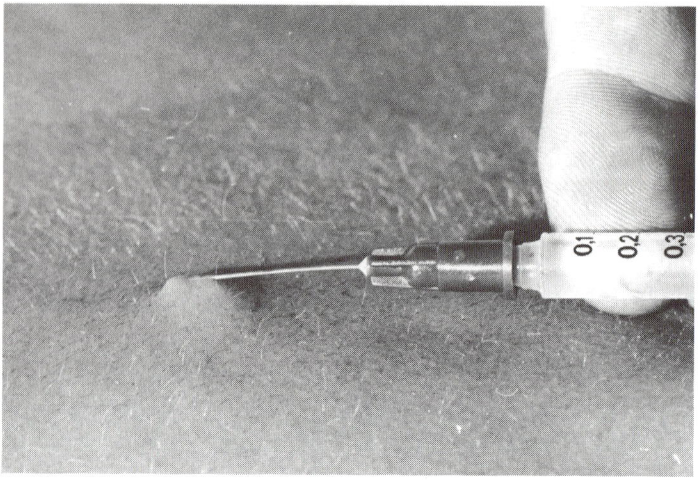

Die Kanüle wird flach in die Haut eingestochen und unter leichtem Anheben vorsichtig vorgeschoben.

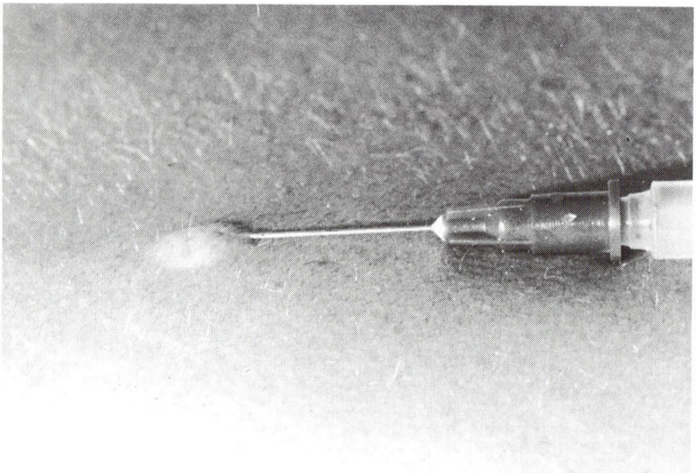

Nach Injektion von 0,05–0,1 ml bildet sich eine deutliche Quaddel.

Abb. 2.6: i.c. Injektion

2.7 Die subkutane Injektion

Keine subkutanen Injektionen bei
- Schockzuständen mit Zentralisation des Blutvolumens
- Ödem, Infektion oder Entzündung an der Injektionsstelle
- *Vorsicht:* bei Antikoagulantientherapie oder Blutungsneigung
- Mangelhaften Kenntnissen des Injizierenden
- Fehlender Einwilligung des Patienten.

In der Regel genügen für eine subkutane Injektion Kanülen der Größen Nr. 18 oder 20. Obwohl sich der Schmerz beim Einstechen bei Verwendung kleinerer Kanülen nur wenig verringert, ist doch zu bedenken, daß der Patient die Kanüle bei der subkutanen Injektion eher zu sehen bekommt als bei der intramuskulären. Schon deshalb sollte man auf den psychologischen Vorteil kleinerer Kanülen nicht verzichten.

Drei Injektionsgebiete werden i.d.R. für s.c. Injektionen genannt:
(1) Bauchhaut, besonders zwischen Christa iliaca und Bauchnabel. Um den Nabel sollten 2 cm freigelassen werden
(2) Außenseite des Oberschenkels (Handbreit über dem Knie freilassen)
(3) Außenseite des Oberarms.
Die s.c. Injektion in den Oberarm ist umstritten, da es wegen des meist dünnen Unterhautgewebes leicht zur i.m. Injektion kommt.

- In Kliniken wird üblicherweise die Injektionstelle desinfiziert. Dies mag in Hinsicht auf Hospitalkeime sinnvoll sein, obwohl Studien nahelegen, daß eine Desinfektion nicht notwendig ist. Wenn desinfiziert wird, ist die Einwirkzeit zu beachten.
- In jedem Fall sollte die Haut vor dem Einstechen mit zwei Fingern in einer 2–3 cm dicken Falte angehoben und dadurch von der darunterliegenden Muskulatur abgehoben werden.

Für die eigentliche Injektion empfehlen verschiedene Autoren unterschiedliche Vorgehensweisen:
Einige empfehlen, die Hautfalte vor der Injektion loszulassen, umzugreifen, zu aspirieren und dann zu injizieren. Andere sehen

die Gefahr, daß beim Loslassen der Hautfalte mit deren Verstreichen die Kanüle unwillkürlich tiefer tritt und dadurch eventuell doch noch in die unter der Subkutis gelegene Muskulatur zu liegen kommt. Sie glauben zudem, daß aufgrund des Fehlens größerer Gefäße in der Subkutis auf eine Aspiration verzichtet werden könne bzw. durch die Verwendung sehr kleinvolumiger Injektionskanülen bei der i.c. Injektion unrealistisch lange Aspirationszeiten notwendig seien.

Ich empfehle folgendes Vorgehen

Die Haut wird mit einer Hand in einer 2–3 cm dicken Falte abgehoben. Anschließend wird die Spritze mit der für subkutane Injektionen üblichen, kurzen und kleinlumigen Kanüle senkrecht in die Hautfalte eingestochen und *ohne* vorangehende Aspiration injiziert.

Gleichzeitig mit dem Entfernen der Kanüle wird dann die Hautfalte losgelassen, was durch das Verschieben der einzelnen Hautschichten den Verschluß des Stichkanals fördert.

Wenn im Einzelfall das minimale Restrisiko einer versehentlich intravasalen Injektion nicht vertretbar erscheint (z.B. bei Hyposensibilisierungen mit Allergenlösungen), bleiben zwei Möglichkeiten: Entweder wird die Hautfalte losgelassen (*cave*: intramuskuläre Injektion!), umgegriffen und in üblicher Weise – ausreichend lange! – aspiriert. Oder die Hautfalte wird mit der linken Hand beibehalten und gleichzeitig mit der rechten Hand in „Einhandtechnik“ aspiriert. Bei dieser Technik lassen sich Scherkräfte auf die eingestochene Kanüle und damit eine zusätzliche Belästigung des Patienten allerdings nicht sicher vermeiden.

Komplikationen sind relativ selten. Am ehesten kommen noch lokale Infektionen und allergische Reaktionen auf das injizierte Medikament vor sowie ein beschleunigter Wirkungseintritt bei versehentlich intramuskulärer Injektion.

Wenn Patienten über lange Zeit immer wieder subkutane Injektionen erhalten – dies ist insbesondere bei insulinpflichtigen Diabetikern der Fall –, so sollte durch ein Injektionsschema sichergestellt werden, daß täglich wechselnde Injektionsorte gewählt werden. Nur so kann verhindert werden, daß sich im Laufe der Zeit subkutan bindegewebige Narben bilden, aus denen das Injektionsdepot dann wesentlich langsamer resorbiert werden würde.

Von einzelnen Autoren wird empfohlen, bei der subkutanen Injektion eine Einstichrichtung zu wählen, die in einem Winkel von 15–20° zur Hautoberfläche liegt (GABKA).
Obwohl dies in der Praxis möglicherweise von untergeordneter Bedeutung ist, halte ich eine senkrechte Einstichrichtung für vorteilhafter.
Durch den kürzeren Weg, den die Kanülenspitze bis zum Erreichen einer bestimmten Einstichtiefe zurücklegen muß, ist die Gefahr der Verletzung von Nerven und Blutgefäßen geringer, die Injektion dadurch weniger schmerzhaft und die Entstehung subkutaner Hämatome seltener. Dies ist insbesondere dann der Fall, wenn die Blutgerinnung (beispielsweise durch Injektion von Heparin) herabgesetzt ist.
Auch die immer wieder erwähnte Einstichrichtung „zum Herzen hin" läßt sich nach meiner Auffassung nicht sinnvoll begründen, hat jedoch bis auf die geschilderte Länge des Stichkanals auch keine Nachteile.

Besonderheiten bei der Insulininjektion

Das häufigste subkutan injizierte Medikament ist sicher Insulin. Im Hinblick auf die beim Typ-I-Diabetes lebenslang notwendige und täglich mehrmals wiederholte Injektion müssen folgende Besonderheiten bedacht werden:

Wie langjährige Beobachtungen gezeigt haben, ist eine Hautdesinfektion vor der subkutanen Injektion von Insulin im Regelfall nicht notwendig. Auch die Injektionskanülen, z.B. an den über längere Zeit benutzten Pen-Injektionshilfen, müssen nicht nach jeder Injektion gewechselt werden, da die Silikonbeschichtung der Nadel das Haften von Bakterien weitgehend verhindert. Eine praktisch relevante Kontaminierung des Inhalts von Insulinampullen zur wiederholten Verwendung, wie sie für die Injektion mittels Einmalspritzen noch verwendet werden, kommt aufgrund des zugesetzten Konservierungsstoffes nicht vor.

- Zur Vermeidung subkutaner Sklerosierungen durch ständig wiederkehrende Insulininjektionen muß die Einstichstelle regelmäßig gewechselt werden. Hierzu haben sich Injektionsschemata als hilfreich erwiesen, bei denen durch eine feste

Koppelung bestimmter Hautareale von Bauch und Oberschenkel an bestimmte Wochentage und Tageszeiten der ständige Wechsel der Injektionsstelle sichergestellt wird.

Die Resorptionsgeschwindigkeit des injizierten Insulins wird in erster Linie durch die Galenik bestimmt. So werden bestimmte Verzögerungsinsuline aus ihrem subkutanen Depot nahezu gleichmäßig über 8 bis zu 24 Stunden freigesetzt. Weitere Einflußfaktoren entnehmen Sie bitte der Tabelle:

Einflußfaktoren auf die Insulinresorption	
Verzögerung der Resorption	**Beschleunigung der Resorption**
Niedere Hauttemperatur am Injektionsort	Hohe Hauttemperatur am Injektionsort
Injektion in der Oberschenkel	Injektion in die Bauchhaut
Hohes Lebensalter	Lokale Massage
Hohe Insulin Einzeldosis	Mehrere kleine Insulindosen

Das Aufziehen des Insulins, Einstellen des Pen und die Injektion sollen möglichst vom Patienten selbst durchgeführt werden.

- Insulinvorrat im Kühlschrank aufbewahren. Pen und in Gebrauch befindliche Insulinflaschen müssen nicht im Kühlschrank gelagert werden
- Konzentration des Insulin (U 40, U 100) und Skalierung der Insulinspritze beachten
- Verzögerungs- oder Mischinsulin vorsichtig schwenken oder rollen (nicht schütteln → Luftblasen)
- Zwei Insuline mischen (Achtung: zinkverzögerte Insuline (z.B. Ultratard®, Semilente®, Monotard HM®) können *nicht* mit anderen Insulinen gemischt werden)
  - Fläschchen mit Verzögerungsinsulin rollen, Luft injizieren, Nadel herausziehen
  - Luft in Fläschchen mit Normal-Insulin injizieren und gewünschte Einheiten Normalinsulin aufziehen
  - Gewünschte Einheiten Verzögerungsinsulin aufziehen
  - Keine zusätzlichen Einheiten aufziehen, um sie mit Luft zurückzuspritzen!

- Injektion mit einem PEN
  - Verzögerungs- und Mischinsulin vor Injektion durch 10x Kippen oder Schwenken mischen
  - Nadel senkrecht nach oben halten und 1 bis 2 Einheiten abspritzen (funktionsfähig? Luftblasen entfernen)
  - Einheiten einstellen und injizieren
- Faustregel: die abendliche Injektion in den Oberschenkel (langsamere Resorption), die anderen Injektionen in den Bauch (schnellere Resorption)
  (!) Gelegentlich spritzen Diabetiker ihr Insulin i.m., wenn eine schnelle BZ-Senkung erwünscht ist
- Subkutane Injektion: senkrecht in abgehobene Hautfalte, bei dünnen Fettgewebe im 45°-Winkel, *nicht* aspirieren
- Rötungen, Juckreiz, Schwellungen an der Injektionsstelle sind selten (hochgereinigte Insuline). Bei diesen allergischen Reaktionen sind meist die Zusatzstoffe verantwortlich
  → Insulin-Präparat wechseln.

2.8 Die intramuskuläre Injektion

Lokalisation der Einstichstelle

Für i.m. Injektionen kommen Gesäßmuskel sowie Oberschenkel- und Oberarmmuskel in Frage.

Die ventroglutäale Methode nach v. HOCHSTETTER

Der Patient wird in eine entspannte Seiten- oder Rückenlage gebracht, dabei die Knie leicht anwinkeln.

Legen Sie die linke Zeigefingerkuppe auf die rechte Spina iliaca ant. sup. (vorderer oberer Darmbeinstachel) und spreizen Sie den Mittelfinger derselben Hand entlang des Beckenkamms nach hinten, bis die Finger maximal gespreizt sind.
Benutzen Sie für die Methode nach v. Hochstetter auf der rechten Gesäßhälfte die linke Hand und umgekehrt.

Dann wird die Hand (mit dem Zeigefinger auf dem Darmbeinstachel als Drehpunkt) nach vorne gedreht, bis der Handballen auf dem

Trochanter major liegt. Der Mittelfinger liegt jetzt wenige Zentimeter unterhalb des Beckenkamms.

Der Einstich erfolgt dann im unteren Drittel des durch Zeige- und Mittelfinger aufgespannten Dreiecks.

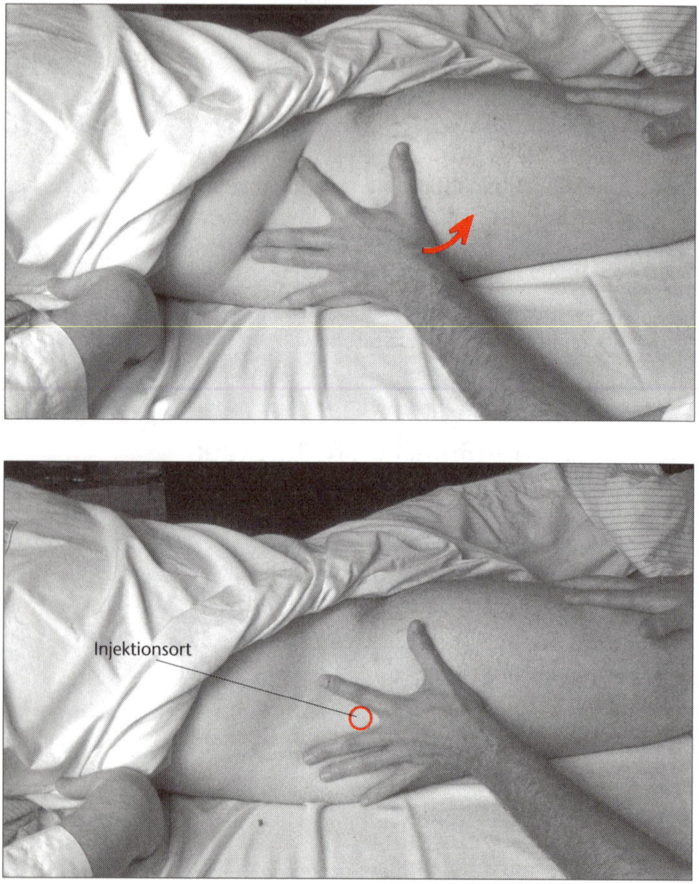

Abb. 2.7: Einstichstelle bei der Methode nach v. HOCHSTETTER

Die Christa-Methode nach SACHTLEBEN

Der Patient wird ebenfalls mit leicht angewinkelten Knien in eine entspannte Seiten- oder Rückenlage gebracht.
Als Bezugspunkt dienen der Beckenkamm und der Trochanter major. Stehen Sie *hinter* dem Patienten, legen Sie den Zeigefinger einer Hand (bei Linksseitenlage die linke Hand) auf den Beckenkamm, so daß die Zeigefingerspitze am vorderen oberen Darmbeinstachel liegt (☞ Abb. 2.8). Stehen Sie *vor* dem Patienten, legen Sie bei Linksseitenlage den Zeigefinger der rechten Hand so auf den Beckenkamm, daß der vordere obere Darmbeinstachel in dem von Zeigefinger und Daumen gebildeten C liegt (☞ Abb. 2.8). Der Injektionsort liegt jeweils auf der gedachten Linie zwischen dem Zeigefingermittelgelenk und dem Trochanter major bei

- Kindern bis 0,75 m Körpergröße 1 Fingerbreit (~ 2,5 cm)
- Kindern bis 1,25 m Körpergröße 2 Fingerbreit (~ 5 cm)
- Erwachsenen 3 Fingerbreit (~ 7,5 cm)
  unterhalb des Beckenkamms.

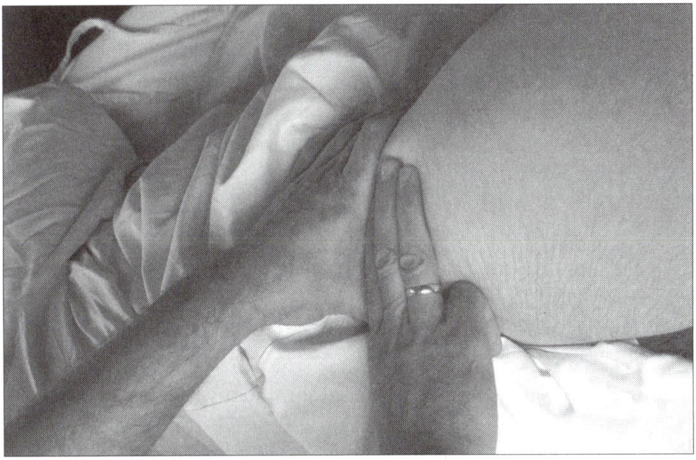

Abb. 2.8: Injektionsort bei der Methode nach SACHTLEBEN

2

Die Quadrantenmethode

Hierbei lokalisiert sich die Einstichstelle im oberen äußeren Quadranten einer Gesäßhälfte.

Diese von mir noch in der ersten Auflage – wenn auch mit starken Einschränkungen – empfohlene Methode ist nach heutigen Erkenntnissen grundsätzlich abzulehnen.

(!) Kommt es bei Anwendung dieser Methode zu Schäden am Patienten, wird dies nach derzeitiger Rechtssprechung als Behandlungsfehler gewertet.
Dies liegt wesentlich daran, daß bei der Quadrantenmethode kein knöcherner Bezugspunkt zur Verfügung steht. Abhängig von der außerordentlich variablen Oberflächenanatomie des Gesäßes und durch falsche Einteilung des Gesäßes in Quadranten kam es deshalb wiederholt zu Problemen, die diese früher allgemein übliche Lokalisation der Injektionsstelle heute obsolet erscheinen lassen.
Auch der Versuch, durch nochmalige Abgrenzung eines oberen äußeren Quadranten im ersten oberen äußeren Quadranten eine weitere Eingrenzung zu erreichen, hat die geschilderten Ungenauigkeiten nicht verhindern können.
(!)Verwenden Sie die Quadrantenmethode heute nicht mehr!

Injektion in den Oberarm

(!) Injektionen in den Oberarmmuskel sollten wegen der erhöhten Gefahr von Gefäß-, Nervenverletzungen die Ausnahme bleiben und dann möglichst vom Arzt durchgeführt werden.

Der Arm soll entspannt sein. Injektion in den M. deltoideus an der Außenseite des Oberarms. Der Arm darf *nicht rotiert* sein.

Injektion in den Oberschenkel

Eine Hand wird auf den Trochanter major gelegt, die andere oberhalb der Kniescheibe. Die abgespreizten Daumen markierendie Mittellinie. Das Injektionsgebiet liegt auf der Mittellinie im mittleren Drittel (an der Außenseite des Oberschenkels).

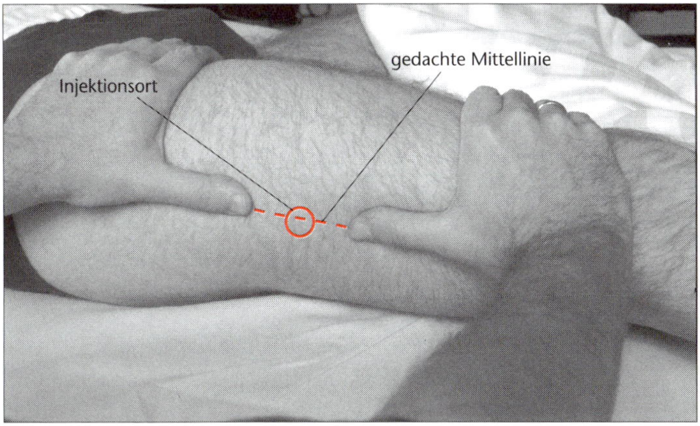

Abb. 2.9: Injektion in den Oberschenkel

Vorgehen bei der i.m. Injektion

Richten Sie auf einem Tablett folgende Gegenstände

- Hautdesinfektionsmittel
- Abwurfgefäß für gebrauchte Kanülen
- Abwurfschale für den Abfall
- Schere
- Pflasterstreifen
- Sterilisierte Tupfer
- Ggf. Ampullensäge
- Arzneimittelampullen
- Aufziehkanüle
- I.m.-Injektionskanülen
- Einmalspritzen passender Größe.

Verwenden Sie bei der intraglutealen Injektion beim Erwachsenen ausschließlich die hierzu vorgesehenen Spezialkanülen von 70 mm Länge. Besonders bei übergewichtigen Patienten gelangt das Medikament sonst nicht ins Muskelgewebe, sondern ins darüberliegende Subkutanfett.
Nur bei Kindern darf zur intraglutealen Injektion eine Kanüle der Größe Nr. 1 oder Nr. 2 verwendet werden.

Spritzen Sie nicht am stehenden Patienten, auch wenn sich dies in manchen Kliniken und Praxen so eingebürgert hat.

Erklären Sie dem Patienten, daß er eine i.m. Spritze bekommen soll und holen Sie seine Einwilligung ein.

- Sorgen Sie für Sichtschutz, geschlossene Fenster und bequeme Lagerung des Patienten.
- Erklären Sie dem Patienten, was geschieht. Sagen Sie ihm vor allem, daß er während der Vorbereitungsphase (Desinfektion usw.) noch keine Angst vor dem Einstich zu haben braucht.
- Lokalisieren Sie nun die Einstichstelle.
- Befeuchten Sie einen Zellstofftupfer mit Desinfektionsmittel. Reinigen Sie die Einstichstelle damit von gröberen Verunreinigungen.
- Sprühen Sie die Einstichstelle deckend mit Desinfektionsmittel ein. Lassen Sie das Desinfektionsmittel 60 Sekunden einwirken. Erklären Sie dem Patienten, warum Sie so lange warten müssen.
- Während das Desinfektionsmittel einwirkt, führen Sie eine hygienische Desinfektion Ihrer Hände durch.
- Der Kanülenschutz wird kurz vor dem Einstechen abgenommen.
- Stechen Sie zügig und genau senkrecht zur Hautoberfläche so weit ein, daß die Kanülenspitze sicher intramuskulär liegt. Am besten stechen Sie in zwei Schritten ein. Zuerst kurz und kräftig, so daß Sie auch eine sehr derbe Oberhaut sicher durchstechen. Anschließend führen Sie die Kanüle in einem zweiten Schritt zügig in die gewünschte Tiefe – natürlich ohne sie dazwischen wieder ganz herauszuziehen.
  Üben Sie das am besten an einer Orange o.ä., bevor Sie sich das erste Mal an einem Patienten versuchen!

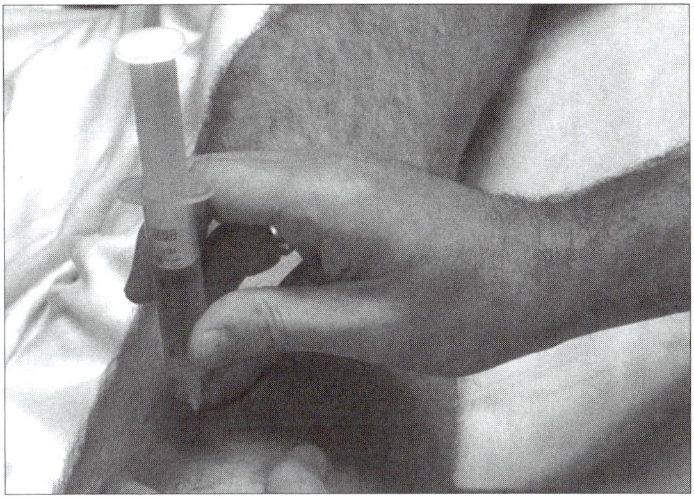

Abb. 2.10: Halten der Spritze beim Punktieren

Auch ich kenne die zahlreichen Tips und Tricks, mit denen sich der Einstich nach Ansicht ihrer Verfechter schmerzlos gestalten läßt. Ich halte sie alle für mehr oder weniger unnötig, oft sinnlos und manchmal gefährlich. Bei optimaler Injektionstechnik verursacht der Einstich selbst praktisch keine Schmerzen.

Die Angst vor der Injektion jedoch oder Schmerzen durch ölige und aggressive Medikamente lassen sich auch durch vorheriges Kneifen, Draufhauen oder langfristig geplante Überrumpelungsmanöver nicht ausschalten.

Erzählen Sie insbesondere Kindern nicht, daß es nicht weh tut. Die Erfahrung wird sie bald eines Besseren belehren, und Sie haben Ihren Vertrauensvorschuß für immer verspielt.

- Falls Sie auf den Darmbeinknochen aufkommen, ziehen Sie die Kanüle ca. 1 cm zurück. Injizieren Sie nicht direkt auf den Knochen.

Aspirieren Sie immer, bevor Sie injizieren! Sie stellen damit fest, ob die Kanülenspitze zufällig in einem Blutgefäß liegt.

Halten Sie dazu die Spritze mit der linken Hand fest und ziehen Sie mit der rechten den Stempel soweit zurück, bis am Kanülenansatz kleine Luftblasen zu sehen sind.

- Warten Sie einen Moment in dieser Haltung, besonders bei sehr dünnen Kanülen.
  Wenn auch dann kein Blut sichtbar wird, liegen Sie richtig, d.h. nicht intravasal.
- Falls Sie Blut aspirieren, ziehen Sie die Kanüle ganz heraus. Wechseln Sie die Kanüle gegen eine neue aus, und stechen Sie dann an einer anderen Stelle, eventuell auf der Gegenseite, neu ein.
- Erklären Sie dem Patienten, warum Sie das tun.
- Stark mit Blut vermischtes Medikament muß neu aufgezogen werden.
- Injizieren Sie langsam, insbesondere bei öligen Lösungen. Fixieren Sie mit der linken Hand die Kanüle. Bei Injektionslösungen, die einen Lokalanästhetikum-Zusatz enthalten, sollten Sie nach der Injektion von 1–2 ml wenige Sekunden warten, bis dieser wirkt. Dadurch wird die weitere Injektion schmerzärmer. Eventuell können Sie das Medikament nach der Injektion durch kreisende Bewegungen mit dem Tupfer etwas verteilen.
- Ziehen Sie die Kanüle schnell und gerade heraus. Wenn Sie die Kanüle direkt anfassen, kann sie sich nicht von der Spritze lösen und in der Haut zurückbleiben.
- Ein Pflaster ist meist unnötig. Es kann jedoch bei Blutungen aus angestochenen Hautgefäßen, um Verunreinigungen zu vermeiden und aus psychologischen Gründen sinnvoll sein.

Sollte je einmal eine *Kanüle abbrechen* (dies geschieht eigentlich nur bei durchgerosteten Dauergebrauchskanülen, bei Einmalkanülen so gut wie nie), müssen Sie sofort versuchen, sie mit den Fingern zu fassen, bevor sie unter der Haut verschwindet
Gelingt dies nicht, muß die Kanüle vor der chirurgischen Entfernung röntgenologisch lokalisiert werden.

Keine intramuskulären Injektionen bei

- Schockzuständen mit Zentralisation des Blutvolumens
- Patienten mit Blutungsneigung oder Antikoagulantientherapie
- Ödem, Entzündung, Infektion an der Injektionsstelle
- Verdacht auf Herzinfarkt (wegen Störung der Labordiagnostik und eventuell anschließender Antikoagulation der Fibrinolysebehandlung)
- Mangelhaften Kenntnissen des Injizierenden
- Fehlender Einwilligung des Patienten.

2

Die intramuskuläre Injektion

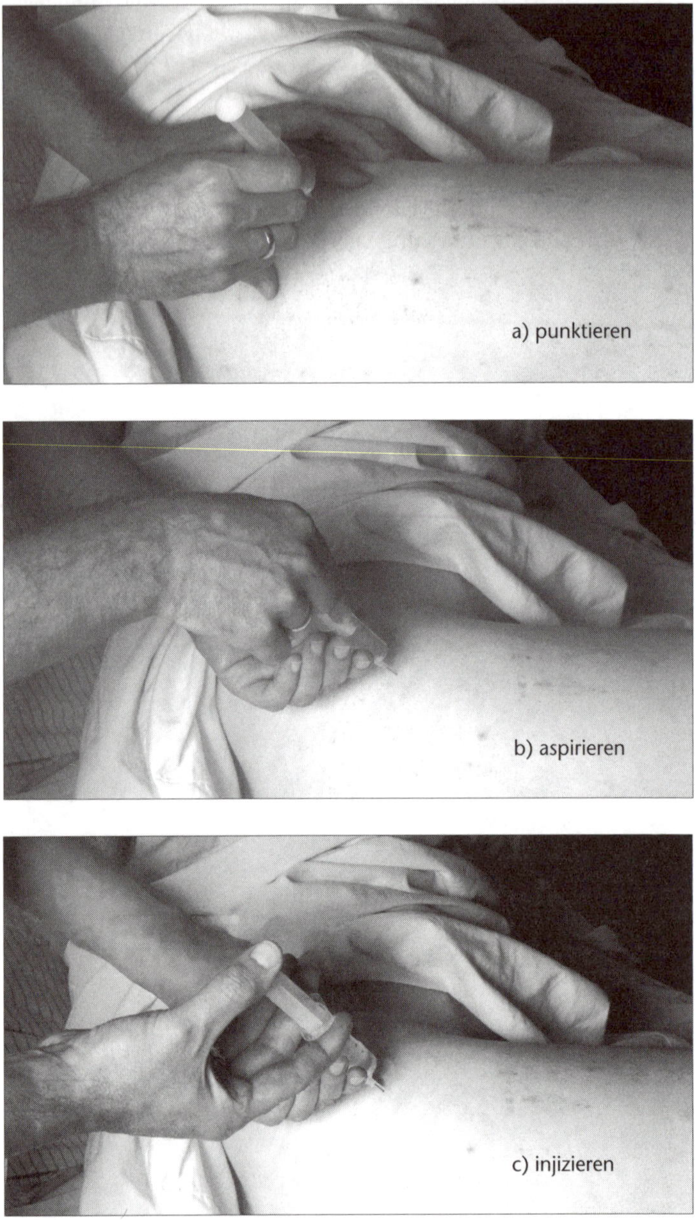

Abb. 2.11

Komplikationen der intramuskulären Injektion

Es kann unter Umständen auch bei korrekter Injektionstechnik vorkommen, daß Patienten über anhaltende Schmerzen klagen, die häufig in das gleichseitige Bein ausstrahlen. Auch vorübergehende Gehstörungen werden angegeben. Sind bei der Injektion alle Vorsichtsmaßregeln beachtet worden, bilden sich die Beschwerden jedoch ohne Therapie innerhalb weniger Stunden zurück. Möglicherweise handelt es sich dabei um Nervenirritationen, verursacht durch aggressive Medikamente, die auch bei korrekter Technik bis in Nervennähe diffundieren können.

Infektion, Spritzenabszeß

Der Spritzenabzeß ist relativ selten (heute vermutlich seltener als 1:100 000) und tritt insbesondere bei abwehrgeschwächten Patienten (z.B. Zytostatikatherapie, Diabetes) auf. Gerade bei diesen sollte man besonders an diese Gefahr denken.

Je nach Lage kann ein Abszeß unter Umständen längere Zeit nur unauffällige, von außen unsichtbare Symptome verursachen. Einziges Zeichen ist dann der anhaltende oder zunehmende Schmerz.

Prophylaxe: einwandfreie Injektionstechnik.

Therapie: chirurgische Frühinzision.

Aseptische Muskelnekrosen

Diese können in Einzelfällen, insbesondere bei bestimmten Medikamenten (z.B. Kortikoide), auch bei korrekter Injektionstechnik auftreten. Sie sind in der Regel nicht vorhersehbar und nur begrenzt vermeidbar.

Prophylaxe: strenge Indikationsstellung bei i.m. Kortikosteroidinjektion.

Nervenläsionen

Bei i.m. Injektionen ist hierbei in erster Linie der Nervus ischiadicus betroffen. Während das ausschließliche Anstechen eines Nerven nur typische Parästhesien in seinem Verlauf auslöst, die sofort wieder verschwinden, kann die Injektion bestimmter Medikamente in oder in die Umgebung des Nerven zu dessen vollständigem und irreversiblem Ausfall führen.

Da eine Lähmung des N. ischiadicus nach Injektion fast immer auf eine falsche Injektionstechnik zurückzuführen ist, stellt sie das typische Beispiel eines Behandlungsfehlers dar!

Treten im Zusammenhang mit einer i.m. Injektion stärkere Schmerzen auf, die in das seitengleiche Bein ausstrahlen, so ist die Injektion sofort abzubrechen.

Prophylaxe: einwandfreie Injektionstechnik, insbesondere genaue Lokalisation der Einstichstelle!

Abbrechen der Injektionskanüle

Äußerst selten, kommt bei Benutzung von Einmalkanülen praktisch nicht mehr vor. Wenn die abgebrochene Kanüle sich nicht sofort mit den Fingern fassen läßt, sollte sie vor der chirurgischen Entfernung durch Röntgenaufnahmen in zwei Ebenen lokalisiert werden.

2.9 Die intravenöse Injektion

Richten Sie auf einem Tablett folgende Gegenstände

- Hautdesinfektionsmittel (farblos)
- Abwurfbehälter für gebrauchte Kanülen und für Abfall
- Heftpflasterstreifen, Schere
- Zellstofftupfer
- Arzneimittelampullen, ggf. Ampullensägen
- Injektions- bzw. Aufziehkanülen, Einmalspritzen
- Stauschlauch, Handschuhe.

- Bitten Sie den Patienten, sich hinzulegen (dann kann er nicht umfallen) oder sich so hinzusetzen, daß er den Unterarm bequem auf einen Tisch auflegen kann.
- Erklären Sie dem Patienten fortlaufend, was geschieht und was Sie als nächstes vorhaben.
- Betrachten Sie in Ruhe alle zur Injektion in Frage kommenden Venen. Während Sie bei der Blutabnahme alle Venen benutzen können, sollten Sie bei Injektionen wegen der möglichen Verwechslung mit der Arterie nur die Venen des Unterarms oder die der radialen (daumenseitigen) Seite der Ellenbeuge benutzen.

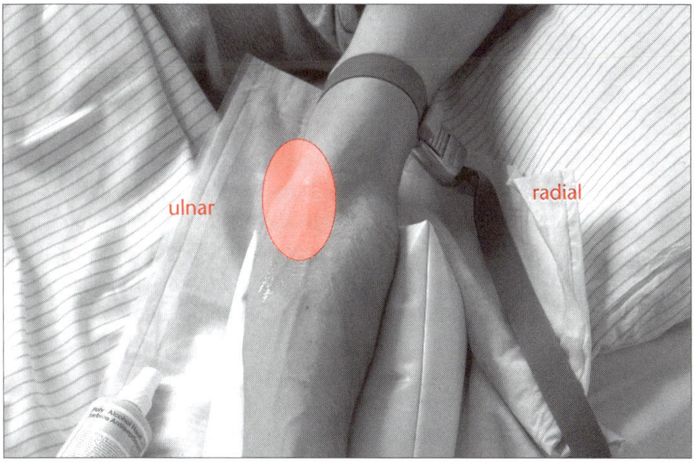

Abb. 2.12 *Vorsicht:* Meiden Sie die Venen der Ellenbeuge und hier insbesondere die der ulnaren Hälfte bei Injektionen, da an dieser Stelle die Arterie in unmittelbarer Nachbarschaft verläuft.

Palpieren Sie vor der Desinfektion alle in Frage kommenden Venen der Reihe nach durch. Sehen Sie eventuell auch am anderen Arm nach.
(!) Für die Lokalisation einer geeigneten Vene ist Ihr Tastsinn wichtiger als Ihr Auge.

- Befeuchten Sie einen Tupfer mit Desinfektionslösung und entfernen Sie über der gewählten Injektionsstelle gröbere Verunreinigungen.
- Sprühen Sie die gewählte Injektionsstelle dann deckend mit Desinfektionsmittel ein und lassen Sie dieses 60 Sekunden einwirken.
- Während der Einwirkungszeit des Desinfektionsmittels ziehen Sie sich Handschuhe an und setzen die Injektionskanüle auf.
- Kontrollieren Sie ein letztes Mal, ob tatsächlich das richtige Medikament in der richtigen Dosierung und in der richtigen Darreichungsform gerichtet wurde. Fehler können gerade bei i.v. Injektionen katastrophale Folgen haben.
- Legen Sie einen Stauschlauch am Oberarm an.

Achten Sie dabei darauf, daß
- Sie die Injektionsstelle weder mit den Fingern noch mit dem Stauschlauch berühren
- Sie den Stauschlauch nicht zu fest anziehen, da sonst auch der arterielle Zufluß unterbunden würde.

- Eventuell können Sie statt des Stauschlauches auch eine Blutdruckmanschette nehmen. Diese muß dann auf einen Wert aufgepumpt werden, der knapp unterhalb des *diastolischen* Blutdruckwertes liegt.
- Eventuell können Sie die Finger Ihrer linken Hand ebenfalls mit Desinfektionslösung einsprühen und damit kurz vor dem Einstich der Kanüle noch einmal den Verlauf der Vene proximal und distal (*nicht über*) der Einstichstelle palpieren.

Gewöhnen Sie sich nicht die Unsitte an, Kanülen vor der Punktion „zurechtzubiegen".
Einerseits können sie sich dadurch im Kanülenansatz lösen, andererseits wächst durch derartige Manipulationen die Gefahr unsterilen Arbeitens.

Stechen Sie die Kanüle in einem Winkel von 30° langsam und gleichmäßig (nicht ruckartig!) mit nach oben (d.h. zu Ihnen hin) gerichtetem Anschliff in die Vene ein.
Wie dies am besten geschieht, darüber sind sich auch die Fachleute nicht völlig einig. Beschreiben läßt es sich nur unvollkommen. Man muß es sehen und dann üben, üben, üben!

- Überzeugen Sie sich durch Aspirieren, daß die Kanüle tatsächlich in der Vene liegt.
Halten Sie dazu die Spritze mit der linken Hand fest und ziehen Sie mit der rechten den Stempel etwas zurück, bis Blut eben im Ansatzkonus sichtbar wird. Es sollte sich möglichst nicht mit der Injektionsflüssigkeit vermischen.
Ziehen Sie nicht unnötig viel Blut in die Injektionslösung.
Achten Sie beim Aspirieren besonders darauf, daß die Kanülenspitze nicht in der Vene „herumwackelt". Dies führt leicht zum Durchstechen der Venen und zu Schmerzen für den Patienten.
- Injizieren Sie nur, wenn Sie sicher sind, daß die Kanüle intravasal liegt. Im Zweifelsfall müssen Sie sich dessen durch wiederholtes Aspirieren versichern.

Bei Pharmaka, die das aspirierte Blut schlecht erkennen lassen (z.B. Vitamin B_{12}) oder bei denen schon kleinste paravenös gelangte Mengen schlimme Folgen haben können (z.B. Zytostatika), sollten Sie Punktion, Aspiration und Probeinjektion mit einer 0,9%igen NaCl-Lösung durchführen.
Die Verwendung eines Butterfly-Systems mit flexiblem Ansatzschlauch erleichtert den Spritzenwechsel.

- Öffnen Sie nun den Stauschlauch.
- Injizieren Sie grundsätzlich langsam!
- Warten Sie nach den ersten 0,1–0,2 ml einige Sekunden ab. Denken Sie an die Gefahren einer versehentlichen intraarteriellen Injektion mit ihren möglichen Folgen.
- Beobachten Sie den Patienten genau.
- Fragen Sie nach auftretenden Mißempfindungen, jedoch ohne bestimmte Wirkungen suggestiv vorzugeben (es sei denn, dies sei Ihr eigentlicher therapeutischer Ansatz). Eventuell können Sie auch bei liegender Kanüle einige Minuten warten, wie sich die ersten Symptome entwickeln.

Brechen Sie die Injektion beim Auftreten irgendwelcher Warnhinweise in jedem Fall ab.
Entfernen Sie beim Auftreten von Komplikationen die Kanüle *nicht* aus der Vene. Möglicherweise ist dies der einzig erfolgversprechende Zugang für eine schnelle Therapie!

Sobald die Injektion wie vorgesehen abgeschlossen und auch das Auftreten von Komplikationen unwahrscheinlich geworden ist, entfernen Sie die Kanüle schnell.

- Drücken Sie dann mit einem Tupfer leicht auf die Einstichstelle und lassen Sie den Arm eventuell zusätzlich hochhalten. *Erst* die Kanüle herausziehen, *dann* draufdrücken!
- Es ist sinnlos, zur Blutstillung den Unterarm anwinkeln zu lassen oder ein Pflaster auf die Haut zu kleben (das müßten Sie dann schon auf die Vene kleben). Halten Sie den Patienten an, die Einstichstelle einige Minuten zu komprimieren.
- Erst wenn die Blutung sicher steht, können Sie ein Pflaster auf die Haut kleben: zum einen als Kleiderschutz bei mögliche Nachblutungen, zum anderen, besonders bei Kindern, als demonstrables Zeichen des Eingriffs.
- Beobachten Sie den Patienten noch 20 Minuten. Bedenken Sie, daß seine Fahrtauglichkeit möglicherweise längere Zeit eingeschränkt sein kann. Weisen Sie ihn ausdrücklich darauf hin! Er wird dann zwar trotzdem mit dem Auto nach Hause fahren, Sie haben jedoch weniger juristische Probleme, falls dabei etwas passiert.

Eine Injektion in das Schlauchsystem einer laufenden Infusion entspricht einer i.v.-Injektion mit allen damit verbundenen Gefahren und Problemen!

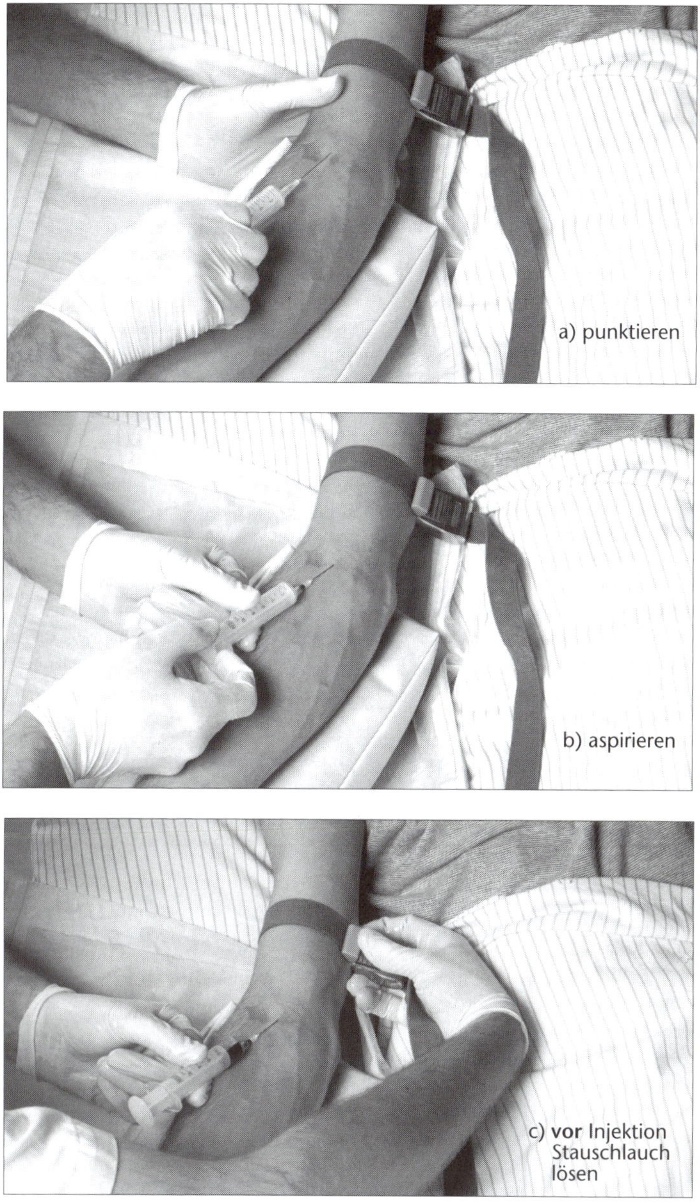

Abb. 2.13: Die intravenöse Injektion

Tips bei schlecht tastbaren Venen

Häufig lassen sich die Venen schlecht darstellen und sind deshalb schwer zu punktieren. Hier helfen unter Umständen folgende Maßnahmen:

- Vor Anlegen des Stauschlauchs kann der betreffende Arm für 10 bis 15 Minuten in ein warmes Armbad gelegt werden.
- In vielen Fällen hilft auch schon das Auflegen eines mit heißem Wasser getränkten Waschlappens auf die voraussichtliche Einstichstelle. Neuerdings wird vereinzelt empfohlen, die Gegend der Einstichstelle mit einer Isosorbiddinitrat-Salbe (z.B. Isoket®-Salbe) einzucremen. Dies führt zwar ebenfalls zu einer lokalen Gefäßerweiterung, läßt sich aber in der Regel schon aus Kostengründen durch einfachere Verfahren ersetzen.
- Nach Anlegen des Stauschlauches treten die Venen oft deutlicher hervor, wenn der Patient die Faust mehrere Male öffnet und schließt.
- Auch ein vorsichtiges Beklopfen der Injektionsstelle hilft in manchen Fällen weiter. Wenn Sie dazu keinen sterilen Tupfer verwenden, müssen Sie allerdings anschließend erneut desinfizieren.

Denken Sie daran, daß es wichtiger ist, eine Vene zu tasten als sie zu sehen. Gerade die sehr gut sichtbaren Rollvenen sind am schwierigsten zu punktieren.

Von einzelnen Autoren (z.B. GABKA) wird empfohlen, die Kanüle nach dem Einstich in die Vene um 180° zu drehen, damit dann der Anschliff auf die hintere, vom Injizierenden abgewandte Venenwand zeigt. Dadurch soll ein Durchstechen der Vene seltener vorkommen.

Ich kann mich dieser Empfehlung nicht anschließen und zwar aus folgendem Grund: Mit Ausnahme sehr kleiner Spritzen (bis 2 ml Inhalt) geht bei allen Einmalspritzen der Konus asymmetrisch vom Spritzenleib ab. Da dieser Konus bei der Venenpunktion venennah liegen muß, um einen flachen Einstichwinkel zu ermöglichen, würde die anschließende Drehung um 180° zum Aufrichten der Kanüle und damit eher zum Durchstechen der hinteren Venenwand führen. Außerdem scheint mir von Bedeutung, daß jede Lageveränderung der in der Vene liegenden Kanüle für den Patienten mit Schmerzen verbunden ist und deshalb vermieden werden sollte.

Komplikationen bei der intravenösen Injektion

Durchstechen der Vene

Dies tritt meist bei Venen auf, die schlecht auffindbar oder nicht tastbar sind. Auch eine falsche Punktionstechnik z.B. mit Drehen der Injektionskanüle nach der Gefäßpunktion kann die Ursache sein.

Meist stellt sich bei der Aspiration heraus, daß die Kanülenspitze nicht intravasal liegt. Eventuell ist jedoch ein später auftretendes Hämatom das einzige Anzeichen für ein vorangegangenes Durchstechen der Vene.

In der Regel ist diese Komplikation harmlos, nur in Ausnahmefällen oder bei rücksichtslosem „Herumbohren" können andere Gefäße oder tieferliegende Nerven mitverletzt werden.

Therapie: siehe unter „Hämatom".

Hämatom (Bluterguß)

Diese Komplikation ist in der Regel harmlos, läßt den Patienten jedoch leicht an den Fähigkeiten des Therapeuten zweifeln. Außerdem erschwert es weitere Injektionen oder Blutentnahmen an demselben Gefäß.

Sie sollten deshalb durch eine optimale Blutstillung versuchen, diese Komplikation zu vermeiden.

Therapie: Hirudoid-Alkohol-Umschläge o.ä.

Paravenöse Injektion (= neben die Vene)

Ursache ist häufig eine falsche Injektionstechnik.
Abhängig von der Art und Menge des paravenös injizierten Medikamentes kommen von leichten Schmerzen (z.B. Kochsalzlösung) bis zu ausgedehnten Nekrosen (z.B. Zytostatika) alle Schweregrade vor.

Die paravenöse Injektion sollte auf alle Fälle vermieden werden.

> Bei Verdacht auch während der Injektion wiederholt aspirieren!

Die paravenöse Injektion äußert sich in Schmerzen, einer sichtbaren Anschwellung, die bei weiterer Injektion entsprechend zunimmt, und einem vergrößerten Widerstand beim Vorschieben des Spritzenkolbens.

Therapie: Ob eine aktive Therapie durch „Gegenspritzen" sinnvoll ist, ist in Fachkreisen umstritten. Einige Autoren empfehlen eine Injektion von physiologischer Kochsalzlösung zur Verdünnung des paravenös gelegenen Medikamentendepots, andere die Injektion eines Lokalanästhetikums (*ohne* Adrenalinzusatz), um durch die Schmerzlinderung Begleitspasmen der Gefäße zu lösen. Zum Vorgehen bei Zytostatika s.u.

(Thrombo-)Phlebitis

Sie entsteht insbesondere nach wiederholter Injektion gefäßreizender Medikamente das gleiche Gefäß.

Prophylaxe: saubere Injektionstechnik, Venenpflege, Wechseln der punktierten Venen.

Therapie: Hirudoid-Alkohol-Umschläge o.ä., Ruhigstellung der betroffenen Extremität ggf. Antiphlogistika, in schweren Fällen Bettruhe.

Versehentliche intraarterielle Injektion

Ursachen: Eine versehentliche intraarterielle Injektion hat meist eine fehlerhafte intravenöse Injektionstechnik als Ursache. Hierzu gehört in erster Linie die Verwendung von Venen der ulnaren Ellenbeugenseite bei der Injektion.

> Das Ausmaß der Schädigung ist abhängig von Art und Menge des injizierten Medikamentes und reicht im Extremfall bis zur Totalnekrose schon nach 0,2 ml einer „Probedosis"!

Wie wiederholt betont, sollten deshalb für die Injektion nur die Venen des Unterarms oder die der radialen Ellenbeugenseite benutzt werden. Die Komplikation läßt sich am besten dadurch vermeiden, daß man sie kennt und immer daran denkt.

Typische Zeichen

Die typischen Symptome treten in der Regel schon nach wenigen Sekunden, manchmal nach Minuten auf. Die Injektion sollte dann sofort abgebrochen, die Kanüle jedoch nicht herausgezogen werden.

- Schmerzen „als würde die ganze Hand in heißes Wasser getaucht"
- Weißwerden der Hand
- Zyanose der Finger.

Im späteren Stadium dann

- Ödembildung
- Zerfall der Muskulatur
- Funktionsstörungen oder Ausfall von Nerven.

Notfalltherapie (nach GABKA)

Kanüle in der Arterie liegen lassen!

- Arzt verständigen
- Sofort mit 10–20 ml 0,9%iger NaCl-Lösung spülen
- Mit 10 ml Lidocain-Lösung 0,25% nachspülen (z.B. 2,5 ml Xylocain 1%ig + 7,5 ml NaCl 0,9%ig)
- Wasserlösliches Glukokortikoid nachinjizieren (z.B. eine Ampulle á 80 mg Volon A solubile)
- 1 Amp. Panthesin-Hydergin + 1 Amp. Volon A solubile 200 mg mit 0,9%iger NaCl-Lösung in 50 ml-Perfusorspritze aufziehen und langsam in die Arterie infundieren
- Antikoagulation (initial 7500–10 000 USP-E. Heparin i.v.)
- Ggf. Plexus-brachialis-Blockade
- Ggf. operative Therapie (Faszienspaltung, Thrombektomie)
- Ggf. Einweisung in eine Klinik mit einer Spezialabteilung für Gefäßerkrankungen.

Zytostatika

Mit Zytostatika dürfen nur Personen umgehen, die eine geordnete Einweisung erhalten haben.

- Schwangere und Jugendliche dürfen auf keinen Fall mit Zytostatika arbeiten. Sie dürfen sie weder zubereiten noch applizieren noch bei Zubereitung und Applikation anwesend sein.
- Kommt es trotz Vorsichtsmaßnahmen zu Hautkontakt mit der Zytostatikalösung, sofort mit sehr viel Wasser gründlich abspülen. Bei Kontamination der Augen Spülung mit physiologischer Kochsalz-Lösung und sofort Augenarzt aufsuchen.
- Eine Kontamination mit Zytostatika muß zur Wahrung von Versicherungsansprüchen als Arbeitsunfall dem Betriebsarzt gemeldet werden.

Zubereitung

- Falls möglich, zentral in der Krankenhaus-Apotheke an einem speziellem Arbeitsplatz (z.B. Berner Box® mit Lamina-Airflow) durch geschultes Personal. Das Medikament kommt als gebrauchsfertige Lösung auf die Station.
- Bei der Zubereitung auf Station sind besondere Vorsichtsmaßnahmen erforderlich.
  - Arbeitsplatz mit flüssigkeitsdichter Unterlage abdecken
  - Schutzkittel, Mundschutz, Handschuhe und Schutzbrille tragen
  - Trockensubstanz mit geeignetem Lösungsmittel auflösen (spezielle Kanülen mit Luftfilter verwenden, um Aerosole durch Überdruck in der Ampulle zu vermeiden)
  - Lösung entsprechend ärztlicher Verordnung in Infusionlösung geben.

Applikation

- Meist intravenös als Kurzinfusion
- Mehrfache Kontrolle: Patient, Medikament, Dosis korrekt?
- Erst anlegen, wenn Arzt aktuelle Laborwerte kontrolliert hat
- Nebenwirkungen vorher nachlesen, um vorbereitet zu sein

- Beim Anlegen der Infusion Handschuhe, Schutzkittel und Mundschutz tragen.

Materialentsorgung

- Mit Zytostatika kontaminierten Abfall als Sondermüll behandeln und entsprechend den Vorschriften in speziellen Abfallbehältern entsorgen
- Verunreinigungen durch Zytostatika (Trockensubstanzen, Tablettenreste, Lösungen) sofort beseitigen
- Bei der Beseitigung von Verunreinigungen Schutzmaßnahmen wie bei der Zubereitung treffen: verhindern, daß Aerosole und Staub von Zytostatika in den Atembereich der Pflegekraft gelangen.

Umgang mit Patientenausscheidungen

Körperausscheidungen (Urin, Stuhl, Erbrochenes und Blut) von Zytostase-Patienten müssen wie Zytostatikaabfälle behandelt werden.

Paravasate mit Zytostatika

- Infusion sofort abbrechen
- Aspiration: soviel wie möglich
- Arzt verständigen
- Arm hochlagern
- Evtl. trockene Eiswickel oder Eiswasserumschläge
- Bei Vinca-Alkaloiden warme trockene Umschläge
- Arzt verordnet evtl. schmerzlindernde oder entzündungshemmende Medikamente
- Lokalanästhetikum ohne Adrenalinzusatz infiltrieren (Arzt)
- Zur Resorptionsförderung evtl. 2 Amp. Kinetin® in 10 ml NaCl 0,9% infiltrieren (Arzt)
- Bei Nekrosen ist evtl. chirurgische Intervention nötig.

2.10 Die intraartikuläre Injektion

Ohne auf die Besonderheiten intraartikulärer Injektionstechniken und die verschiedenen Zugänge zu den großen Gelenken näher eingehen zu wollen, möchten wir doch in Anlehnung an die Empfehlungen der Deutschen Gesellschaft für Orthopädie und Traumatologie sowie des Berufsverbandes der Orthopäden die wichtigsten Vorsichtsmaßnahmen für derartige Injektionen kurz wiedergeben. Dies vor allem deshalb, weil gerade bei diesen Injektionstechniken eine Assistenz durch Pflegepersonal in vielen Fällen notwendig ist und für eine korrekte Assistenz wiederum die Kenntnis dieser Richtlinien.

Indikationen

Intraartikuläre Injektionen und Punktionen sollten nur nach sorgfältigster Indikationsstellung durchgeführt werden. Hierbei muß der Patient über alternative Therapiemöglichkeiten, insbesondere über weniger eingreifende und weniger komplikationsbelastete Therapieverfahren aufgeklärt werden. Hinzu kommt die Aufklärung über die besonderen Risiken des Eingriffs und des hierbei angewendeten Medikamentes. Eine mündliche Aufklärung, die der Patient verstanden hat, ist ausreichend.

Kontraindikationen

Häufige Kontraindikationen für intraartikuläre Injektionen sind allgemeine und lokale Infektionen in der Umgebung der Injektionsstelle. Im Gegensatz zu Injektionen können Gelenkpunktionen im Einzelfall trotz der genannten Befunde dringlich indiziert sein. Auch dann sollte die Punktionsstelle jedoch nach Möglichkeit außerhalb krankhaft veränderter Hautareale liegen.

Behandlungsraum

Als Voraussetzung für aseptisches Vorgehen bei intraartikulären Injektionen und Punktionen gelten „übliche“ hygienische Anforderungen an Behandlungsräume. Hierbei ist entscheidend, daß patientennahe Gegenstände und Flächen regelmäßig sowie nach Kontamination mit erregerhaltigem Material gereinigt und desinfiziert werden. Eine solche zusätzliche Desinfektion ist schon bei Kontaminationsverdacht erforderlich.

- Bei einer intraartikulären Injektion oder Punktion ist die Zahl der Personen im Behandlungsraum auf das unbedingt notwendige Maß zu beschränken.
- Die Keimstreuung aus den oberen Luftwegen ist am geringsten, wenn nicht gesprochen wird. Deshalb sind Gespräche vom Zeitpunkt der Öffnung der sterilen Ampullen bis zum Abschluß der Punktion zu unterlassen.
  Bei Infektionen der Atemwege sowie grundsätzlich bei Punktionen mit Spritzenwechsel müssen Einmal-Gesichtsmasken aus mehrlagigem Material verwendet werden.

Vorbereitung des Patienten

Das Injektionsfeld ist weiträumig freizulegen, nicht zuletzt, um Infektionen und Hautveränderungen in der Umgebung der geplanten Injektionsstelle erkennen zu können.

- Der Injektionsort und deren Umgebung sind weiträumig zu desinfizieren. Falls notwendig, muß eine Reinigung der eigentlichen Desinfektion vorangehen. Dabei sind bevorzugt alkoholische Desinfektionsmittel zu verwenden, deren Wirksamkeit wissenschaftlich erwiesen und durch eine Zertifikat der Deutschen Gesellschaft für Hygiene und Mikrobiologie bestätigt wurde. Sprüh- und Wischverfahren gelten als gleichwertig.
- Entscheidend ist eine satte Benetzung der Haut durch das Desinfektionsmittel und eine *Einwirkungszeit von mindestens 1 min.* Die bei einer Wischdesinfektion verwendeten Materialien müssen den Beanspruchungen einer vorangehenden Sterilisation gewachsen sein.
- Das Rasieren der Haare im Bereich einer intraartikulären Injektion oder Punktion ist nicht sinnvoll, weil hierbei auftretende Hautverletzungen eine Infektion begünstigen können. Bei störender Behaarung sollen die Haare mit einer Schere gekürzt und anschließend entfernt werden.

Arzt und Assistenzpersonal

Von der Kleidung des behandelnden Personals darf keine Infektionsgefahr ausgehen. Gegebenenfalls sind vor einer intraartikulären Injektion oder Punktion langärmelige Kittel abzulegen.

- Die Forderung nach einer erheblichen Keimverminderung der Hände wird in der Regel durch eine hygienische Händedesinfektion erfüllt, sofern die Haut der Injektionsstelle nicht mit der Hand berührt wird.
- Bei Gelenkpunktionen mit Spritzenwechsel sowie immer dann, wenn sich eine Berührung der Haut im Injektionsgebiet nicht vermeiden läßt, ist die Verwendung steriler Handschuhe zwingend vorgeschrieben. Selbstverständlich stellt die grundsätzliche Verwendung steriler Handschuhe bei jeder Gelenkpunktion eine zusätzliche Sicherheitsreserve dar.

Vorbereitung der Injektion

In diesem Zusammenhang muß dringend darauf hingewiesen werden, daß viele Infektionen nicht durch die eigentliche Punktion oder Injektion verursacht werden, sondern bei deren Vorbereitung. So konnte in einem Fall als gemeinsame Ursache einer Serie von Kniegelenksempyemen typenidentische Erreger angezüchtet werden, die sich auch bei einer regelmäßig mit der Vorbereitung des Injektionsbestecks betrauten Mitarbeiterin nachweisen ließen.

Die Verwendung von sterilen Einmalspritzen und Einmalkanülen ist zwingend vorgeschrieben. Diese und die eventuell benötigten Ampullen sind grundsätzlich erst unmittelbar vor ihrer Verwendung zu öffnen.

- Zum Aufziehen der Medikamente in die Injektionsspritzen sind Aufziehkanülen zu verwenden. In Einmalspritzen aufgezogene Medikamente dürfen bis zur Injektion nicht unnötig lange gelagert werden.
- Die Sterilverpackungen sind vorschriftsmäßig unter Verwendung der peel-Verpackungen zu öffnen. Ein Durchdrücken des Spritzenstempels und der Injektionsknülen durch das Papier der Einmalverpackung ist zu unterlassen.
- Eine Stichinzision vor der Hautpunktion wird abgelehnt. Die zur Vermeidung von Stanzzylindern empfohlenen stanzarmen Punktionskanülen (siehe dort) konnten sich in der Praxis bisher nicht durchsetzen.

Verhalten nach der Injektion

- Die Injektions-/Punktionsstelle ist mit einem sterilen Wundschnellverband abzudecken.
- Der Patient ist nachdrücklich darauf hinzuweisen, daß er sich bei vermehrten Beschwerden im Injektionsgebiet sofort dem behandelnden Arzt oder bei dessen Unerreichbarkeit einem Kollegen vorzustellen hat.

Entscheidend für das Behandlungsergebnis im Falle einer Komplikation ist ihr frühestmögliches Erkennen sowie eine sachgerechte Behandlung.

Vorgehen bei Verdacht auf eine Gelenkinfektion

Treten nach einer intraartikulären Injektion oder Punktion Schmerzen auf, die länger als 24 Stunden anhalten, ist bis zum Beweis des Gegenteils eine beginnende Infektion anzunehmen.

- Als unerläßliche Erstmaßnahmen gelten
  - Ruhigstellung des Gelenks
  - Kontrolle der Entzündungsparameter im Labor (CRP, BSG, Leukozyten)
  - Messung der Körpertemperatur.
- Sofern Gelenkpunktat gewonnen werden kann, ist dies sofort auf Erreger und nach Möglichkeit auch auf seine Zellzahl zu untersuchen.
- Erhobene Befunde müssen wenigstens täglich kontrolliert werden.
- Erhärtet sich der Verdacht auf eine Gelenkinfektion, ist unverzüglich eine stationäre Behandlung zu veranlassen.

Da nach wie vor eine Gelenkinfektion auch bei völlig korrekter Injektionstechnik nicht mit Sicherheit ausgeschlossen werden kann, ist die Indikation zur intraartikulären Injektion nach meiner persönlichen Meinung sehr eng zu stellen.
Intraartikuläre Injektionsserien von Medikamenten mit zweifelhafter oder nicht wissenschaftlich überprüfter Wirkung stellen insofern von vornherein einen Behandlungsfehler dar. Kein aufgeklärter Patient würde wohl nach juristisch hieb- und stichfester Aufklärung über Gefährdungspotential und ungefährlichere Alternativen vergleichbarer Wirksamkeit in die Behandlung mit solchen intraartikulären Injektionsserien einwilligen.

3 Die intravenöse Infusion

3.1 Infusionslösungen

Begriffserklärungen

- Relative Molekularmasse: Summe der relativen Atomgewichte eines Moleküls. Das relative Atomgewicht eines Elements gibt an, wieviel mal schwerer ein Element als 1/12 eines Kohlenstoffatoms mit insgesamt 12 Kernbausteinen ist. Das relative Atomgewicht wird im Periodensystem oben rechts des Elementzeichens angegeben, z.B. C^{12}. Oft ist es keine ganze Zahl, da es sich um eine Durchschnittsangabe handelt. Sie hat keine Einheit: Es handelt sich um eine relative Angabe (relativ = im Verhältnis zu anderem).
  Beispiel: Die relative Molekularmasse von NaCl beträgt 22,99 + 35,49 = 58,48
- 1 Mol = relative Molekularmasse einer Substanz in Gramm, entspricht ca. 6×10^{23} Moleküle der Substanz.
  Einheit ist *g* für Gramm.
  Beispiel: 1 Mol NaCl = 58,48 g NaCl
- molar: Eine 1molare Lösung enthält 1 Mol einer Substanz pro Liter. Einheit ist *mol/l* = *M* bzw. *mmol/l* = *mM* (m = milli = eintausendstel). Die Konzentration von Elektrolyten wird fast immer in mol/l oder mmol/l angegeben.
  Beispiel: 58,48 mg NaCl auf 1 l ergibt eine 1 mM NaCl-Lösung (= 1 mmol/l)
- Oft wird die Konzentration in Prozent angegeben, z.B. bedeutet Glukose 10 %, daß in 1 Liter 10 Gramm Glukose gelöst sind (10 % = 10 g/l)
- Osmolalität: Menge der gelösten Teilchen in Mol pro Kilogramm Wasser. Einheit ist *osmol/kg* oder *mosmol/kg*
- Osmolarität: Menge der gelösten Teilchen in Mol pro Liter Wasser. Einheit ist *osmol/l oder mosmol/l.*

Osmolalität und Osmolarität beziehen sich auf alle *osmotisch wirksamen* Teilchen: Das sind alle *gelösten* Teilchen. Aber nur in stark verdünnten Lösungen lösen sich Substanzen vollständig. Der Anteil einer Substanz, der sich tatsächlich löst, wird mit dem osmotischen Faktor *g* angegeben. Der Faktor g ist abhängig von Temperatur, Konzentration und Lösungsmittel.

Beispiel: Für 150 mmol NaCl auf 1 kg Wasser ist g = 0,926, und NaCl zerfällt in Wasser in Na^+ und Cl^-. Die Osmalalität beträgt demnach 2 x 150 x 0,926 = 278 mosmol/kg.

Die Einheit Osmolalität sollte aus zwei Gründen bevorzugt werden: Das Volumen ist temperaturabhängig, die Masse nicht; außerdem nehmen die gelösten Stoffe in den Körperflüssigkeiten selbst ein relatives großes Volumen ein (z.B. enthält 1 l Plasma ca. 70 ml Proteine). Oft wird allerdings nur die Osmolarität angegeben.

Der Normalwert für die Osmolalität des Serum beträgt *280–296 mosmol/kg*. Infusionslösungen werden nach ihrer Osmolalität unterteilt in

- isotone Lösungen: 270–310 mosmol/kg
- hypotone Lösungen: < 270 mosmol/kg
- hypertone Lösungen: > 310 mosmol/kg.

Vollelektrolytlösungen mit Kohlenhydratzusatz sind meist hyperton.

Einteilung der Infusionslösungen	
Häufige Inhaltsstoffe	Beispiele (Handelsnamen)
Elektrolytlösungen (z.T. mit Kohlenhydraten kombiniert). Einteilung nach der Na^+-Konzentration **(in mmol/l)** als wichtigstem Kation Namenszusatz • Vollelektrolytlösungen: $Na^+ > 120$ • Zweidrittel-Elektrolytlösungen: NA^+ 91–120 OP • Halb-Elektrolytlösungen: NA^+ 61–90 H • Eindrittel-Elektrolytlösungen: $NA^+ < 60$ B	
Kationen: Na^+, K^+, Ca^{2+}, Mg^{2+}, Zink *Anionen:* Chlorid, Acetat, Lactat, Malat, Phosphat *Kohlenhydrate:* Glukose, Xylitol	elomel, Jonosteril, Normofundin Ringer-Lsg., Sterofundin, Tutofundin
Kohlenhydratlösungen (z.T. mit E'lyten kombiniert: Namenszusatz E) Namenszusätze D (Dextrose) = G (Glukose), L (Lävulose) = F (Fruktose), S (Sorbitol), X (Xylitol)	
Glukose, Fruktose, Sorbitol, Xylitol	Glucosteril, GX pfrimmer
Fettemulsionen Namenszusätze: LCT (long chain triglycerides = langkettige Fette), MCT (medium chain triglycerides = mittelkettige Fette)	
Sojabohnenöl, Eilecithin, Glycerol, Ei-Phospholipide	Intralipid, Lipofundin, Nutrifundin
Aminosäurelösungen (z.T. mit Kohlenhydraten und/oder Elektrolyten kombiniert)	
Aminosäuren, Glukose, Xylitol Na^+, K^+, Ca^{2+}, Mg^{2+}, Chlorid, Acetat, Malat, Phosphat	Aminofusin, Aminoplasmal, aminomel salvia, Intrafusin
Kombinationslösungen zur parenteralen Ernährung	
Aminosäuren, Glukose, Xylitol Na^+, K^+, Ca^{2+}, Mg^{2+}, Zink, Cl^-, Acetat, Malat, Phosphat	AKE, Aminomix, Combifusin, salviamin
Osmo- und Onkotherapie	
Mannitol, Sorbitol, Glycerol	Mannit-Lsg., Osmofundin
Lösungen zum Volumenersatz, bei Mikrozirkulationsstörungen	
• Dextran • Gelatinederivate • Hydroxyethylstärke	• Longasteril, Rheofusin • Gelafundin, Haemaccel • Haemofusin, Plasmasteril
Serumderivate	
• Albumin • Immunglobuline	• Humanalbumin • Biseko, Humanserum

Die genaue Zusammensetzung einzelner Infusionslösungen können aus der Roten Liste (Kapitel 51) entnommen werden.

3.2 Vorbereitung

Das Infusionsbesteck

Tropfkammer (1), meist aus Weichplastik, verhindert den Eintritt von Luft in das Schlauchsystem und gestattet eine ungefähre Kontrolle der Durchflußmenge.

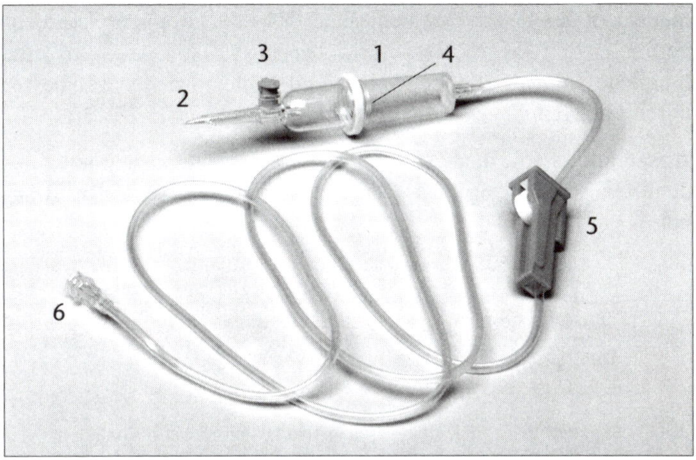

Abb. 3.1: Infusionsbesteck

Einstechdorn (2), meist aus Hartplastik, zum Durchstechen des Gummistopfens der Infusionsflasche. Durch seinen zentralen Kanal fließt die Infusionslösung in die Tropfkammer.

Belüftungsteil (3), meist in die Tropfkammer integriert. Es ermöglicht den Eintritt von Luft zum Druckausgleich beim Auslaufen der Infusionslösung (insbesondere bei Glasflaschen). Ein Bakterienfilter verhindert den Eintritt von Luftkeimen. Das Belüftungsteil kann beim Einstechen in die Infusionsflasche und beim Durchführen einer Druckinfusion durch eine Kappe verschlossen werden.

Füllmarkierung (4). Hier sollte bei gefüllter Tropfkammer der Flüssigkeitsspiegel liegen.

Bei manchen Infusionsbestecken enthält die Tropfkammer einen Mikrofilter, der Partikel aus der Infusionslösung zurückhalten kann.

Derartige Filter werden insbesondere bei Bluttransfusionen und bei der Infusion makromolekularer Plasmaexpander oder hochkonzentrierter Mannitlösungen empfohlen.

Durchflußregler (5), meist in Form eines Biegedrahtes oder einer Rollklemme. Er ermöglicht die Einstellung einer bestimmten Tropfzahl, arbeitet allerdings oft sehr ungenau.
Bei hohen Ansprüchen an die Dosierungskonstanz ist die Verwendung einer Infusionspumpe zu empfehlen!

Latex-Zwischenstück. Es ermöglicht die Injektion von Medikamenten in das Schlauchsystem ohne Diskonnektion der Schlauchverbindungen. Es ist, besonders bei unsterilem Arbeiten, eine mögliche Eintrittstelle für Keime und sollte in der Regel besser durch ein Mehrwegesystem ersetzt werden.

Ansatzkonus (6), dient zur Verbindung des Schlauchsystems mit dem venösen Zugang (z.B. Zentralvenenkatheter, Butterfly, Braunüle).

	Glasflaschen	Plastikflaschen
Vorteile	Durchsichtig	Geringes Gewicht
	Temperaturbeständig	Flexible Form
	Gasdicht	Hohe mechaische Festigkeit
	Chemisch inert	Geeignet für Druckinfusionen
Nachteile	Hohes Gewicht	Weniger durchsichtig als Glas
	Zerbrechlich	Inhalt schlechter lagerfähig
	Feste Form	Hitzeempfindlich
	Ungeeignet für Druckinfusion	

Richten einer Infusion

Richten Sie auf einem Tablett – eventuell zusätzlich zu den Gegenständen, die Sie zum Legen des venösen Zugangs benötigen – folgende Dinge:

- Infusionsflasche
- Passendes Infusionsbesteck
- Ggf. 3-Wege-Hahn, Filter, Verlängerung u.ä.
- Desinfektionsmittel
- Pflasterstreifen
- Aufhängevorrichtung
- Ggf. einen Infusionsständer.

Richten Sie die Infusion erst unmittelbar vor ihrer Verwendung. Versehen Sie die Infusionsflasche mit Datum und Uhrzeit (wasserfester Faserschreiber), ggf. zusätzlich mit Patientenname, Zimmer-Nr. und Zusätzen.

- Kontrollieren Sie Art und Zusammensetzung der Infusionslösung. Beachten Sie dabei sinngemäß alle Regeln, die im Abschnitt „Aufziehen von Medikamenten aus Ampullen" angegeben wurden.
- Verwenden Sie insbesondere beim Auflösen von Festsubstanzen nur die angegebenen oder ausdrücklich zugelassenen Lösungsmittel und beachten Sie die Herstellerangaben im Beipackzettel.

Entfernen Sie die Schutzkappe vom Gummistopfen der Infusionsflasche.
Berühren Sie den Gummistopfen weder mit den Fingern noch mit unsterilen Tupfern o.ä.
Eine Desinfektion des sterilen Gummistopfens ist beim erstmaligen Anstechen nicht notwendig. Sie sollten dies sogar ausdrücklich unterlassen, da hierdurch vorher nicht vorhandene Keime aufgebracht werden können.

- Entnehmen Sie das Infusionsbesteck der Einmalverpackung. Verwenden Sie insbesondere für Bluttransfusionen nur hierfür geeignete Bestecke mit in der Tropfkammer eingebautem Mikrofilter.

Die Belüftungskanüle soll grundsätzlich mit einem bakteriendichten Filter versehen sein. Verwenden Sie für diesen Zweck keine einfache Injektionskanüle, die durch den Gummistopfen der Infusionsflasche gestochen wird.

- Der Bakterienfilter soll sich immer oberhalb des Flüssigkeitsspiegels der Tropfkammer befinden. Er darf zu keinem Zeitpunkt mit Flüssigkeit benetzt werden, da dies seine Funktion beeinträchtigen kann.
- Bei Infusionsbestecken mit in der Tropfkammer integriertem Belüftungsteil muß dieses vor der Punktion der Infusionsflasche mit der dazugehörenden Kappe fest verschlossen werden. Hierdurch wird verhindert, daß der eingebaute Bakterienfilter beim Anstechen der Infusionsflasche mit Flüssigkeit benetzt wird.

3

Stellen Sie die Infusionsflasche vor sich auf den Tisch.

- Drehen Sie den Dorn der Tropfkammer mit einer Drehung in den Gummistopfen der Infusionsflasche. Schrauben Sie nicht mehrmals hin und her, da hierdurch Gummispäne in die Infusionslösung geraten können.
- Stechen Sie den Dorn bei Kurzinfusionen nur so weit ein, daß die Mündung des Auslaufkanals knapp oberhalb des Gummistopfens liegt. Andernfalls können größere Mengen Infusionslösung in der Flasche zurückbleiben.
- Schließen sie den Durchflußregler erst jetzt, damit ein Druckausgleich stattfinden kann.
- Hängen Sie die Infusionsflasche mit dem Verschluß nach unten an den Infusionsständer.
- Füllen Sie die Tropfkammer bis zur Marke mit Infusionslösung, indem Sie die flexible Tropfkammer mehrmals vorsichtig zusammendrücken. Falls keine Marke vorhanden ist, füllen Sie die Tropfkammer bis zur Mitte.
- *Bei starren Tropfkammern* lassen Sie etwas Infusionslösung in das Schlauchsystem fließen. Füllen Sie die Tropfkammer dann rückwärts durch Absenken der Infusionsflasche: Die Lösung fließt aus dem Schlauch in die Tropfkammer zurück.

- Falls die *Tropfkammer zu wenig gefüllt* ist, besteht die Gefahr, daß Luftblasen in das Schlauchsystem verschleppt werden. Auch soll bei Bluttransfusionen die Gefahr einer Hämolyse durch die größere Fallstrecke erhöht sein.
- Wenn die *Tropfkammer zu weit gefüllt* ist, können Sie die fallenden Tropfen nicht mehr zählen.

- Öffnen Sie nun, falls vorhanden, die Verschlußkappe der Belüftungsöffnung der Tropfkammer.
- Füllen Sie das Schlauchsystem blasenfrei mit Infusionslösung durch Öffnen des Durchflußreglers.
- Schließen Sie den Durchflußregler wieder.
- Schließen Sie nun den Infusionsschlauch unter sterilen Bedingungen an den venösen Zugang an.
- Versichern Sie sich durch kurzes Absenken der Infusionsflasche unter Venenniveau, daß der venöse Zugang intravasal liegt. Dabei soll das zurückfließende Blut eben sichtbar werden und nicht in größeren Mengen in den Infusionsschlauch fließen. Diese Methode gelingt nur bei kurzen Venenzugängen und nicht bei einem Zentralvenenkatheter.
- Öffnen Sie den Durchflußregler wieder und stellen Sie die gewünschte Tropfzahl ein. Diese muß insbesondere am Anfang kurzfristig kontrolliert werden.

In den gebräuchlichen Zählkammern haben die einzelnen Tropfen ein Volumen von 0,05 ml = 20 Tropfen pro Milliliter.
Wenn das Volumen der Infusionslösung und die vorgesehene Infusionsdauer bekannt sind, berechnet sich die Tropfenzahl nach der Formel

$$\frac{\text{Infusionsvolumen in ml x 20}}{\text{Infusionsdauer in Minuten}} = \text{Tropfenzahl pro Minute}$$

Beispiel: Eine Kurzinfusion von 50 ml soll in 30 Minuten einlaufen. Die hierfür notwendige Tropfgeschwindigkeit beträgt

$$\frac{50 \text{ x } 20}{30} = 33 \text{ Tropfen pro Minute}$$

Umgekehrt läßt sich bei gegebener Tropfenzahl das einlaufende Infusionsvolumen berechnen nach

$$\frac{\text{Tropfenzahl/Min x Infusionsdauer in Min}}{20} = \text{Infusionsvolumen}$$

Beispiel: Eine Infusion läuft mit einer Geschwindigkeit von 55 Tropfen pro Minute über einen Zeitraum von 2 Stunden (= 120 Minuten). In dieser Zeit laufen dann ein

$$\frac{55 \times 120}{20} = 330 \text{ ml Infusionslösung}$$

- Kontrollieren Sie Patient und Infusion in regelmäßigen Abständen.
- Protokollieren Sie alle Einzelheiten und machen Sie sich insbesondere über alle außergewöhnlichen Vorkommnisse schriftliche Notizen.

- Wenn eine Infusion mittels Rollklemme längere Zeit abgestellt war, können die Wände des Infusionsschlauchs nach dem Öffnen noch längere Zeit zusammenkleben. Die abgelesene Tropfenzahl entspricht dann nicht der Stellung der Rollklemme, sondern wird vom offenen Durchflußlumen des Infusionsschlauchs bestimmt. Wenn dann das Zusammenkleben nach einiger Zeit nachläßt, nimmt die Infusionsgeschwindigkeit stark zu.
  Dies läßt sich vermeiden, indem Sie die Rollklemme nach dem Öffnen an eine andere Stelle des Infusionsschlauchs verschieben und die vorher abgeklemmte Stelle des Schlauches mit den Fingern zurechtdrücken. Erst danach stellen Sie dann die endgültige Infusionsgeschwindigkeit mit der Rollklemme ein.
- Injektionen in das Latex-Zwischenstück sollten mit Kanülen der Größe Nr. 12 oder Nr. 14 durchgeführt werden, um den Verschluß nach Entfernen der Kanüle zu gewährleisten. Injektionen in das Schlauchsystem – über Latex-Zwischenstück oder Mehrwegehahn – entsprechen einer intravenösen Injektion mit allen Vor- und Nachteilen (die Risiken der Venenpunktion selbstverständlich ausgenommen)!

Falls Sie ausnahmsweise an dem Arm, an dem die Infusion läuft, Blutdruck messen müssen, muß die Infusion vorher abgestellt werden. Sonst fließt Blut in das Schlauchsystem zurück, und der Flüssigkeitsspiegel in der Tropfkammer ,,versäuft", so daß das Tropfen nicht mehr beobachtet werden kann. Dasselbe gilt für Injektionen in das Latex-Stück oder über einen Mehrwegehahn. Auch hierbei muß sichergestellt werden, daß die Injektionslösung nicht rückwärts in das Schlauchsystem fließen kann.

- Laufen Kurzinfusionen (z.B. Antibiotika aus 50 ml-Flaschen) über ein Mehrwegesystem gleichzeitig mit anderen Infusionen, so ist besonders darauf zu achten, daß die vorgeschriebenen (kurzen) Infusionszeiten eingehalten werden. Geschieht dies nicht, so kann dies dazu führen, daß die erforderlichen Blutspiegel nicht erreicht werden können. Häufig ist es vorteilhaft, derartige Kurzinformationen über einen separaten venösen Zugang (z.B. Butterfly) zu verabreichen.
- Falls Sie in Ausnahmefällen einen venösen Zugang kurzzeitig abstöpseln müssen, muß er vorher mit physiologischer Kochsalzlösung durchgespült werden, so daß keine Infusionsreste in ihm zurückbleiben.
  Sollte er danach dennoch verstopft sein, so muß der Zugang neu gelegt werden und darf *nicht* mit Gewalt freigespült werden.
- Bergmann und Vellar weisen darauf hin, daß es bei dem gebräuchlichen Hinzuspritzen von Lösungens in die hängende Infusionsflasche zu starken Konzentrationsschwankungen kommen kann, wenn die hinzugefügte Lösung nicht sorgfältig mit der Infusionslösung gemischt wird. Dies gilt besonders für Heparin, Insulin und Kaliumchloridlösungen. Insbesondere bei letzterem kann es unter Umständen zu lebensbedrohlichen Komplikationen kommen.
  Alle zusätzlichen Lösungen sind also, Kompatibilität vorausgesetzt, sorgfältig zu mischen, bevor die Infusionsflasche in ihre endgültige Position am Infusionsständer gehängt wird. Art, Menge und Konzentration der hinzugefügten Medikamente sind sofort und dauerhaft auf der Infusionsflasche zu vermerken.

Besonderheiten bei Transfusionen

Bei Transfusionen von Vollblut oder Erythrozytenkonzentraten gelten zusätzliche Bedingungen.

Transfusionen dürfen ausschließlich durch approbierte Ärzte angeordnet und durchgeführt werden. Ihre Durchführung ist aufgrund der besonderen Komplikationsdichte unter üblichen Bedingungen nicht delegierbar. Dies gilt sinngemäß auch für das Wechseln laufender Transfusionen.

- Es müssen möglichst großvolumigen Kanülen benutzt werden, um die Hämolysegefahr zu verringern.
- Transfusionen müssen mit geringer Tropfgeschwindigkeit begonnen und während der ersten 15 Minuten ununterbrochen überwacht werden.
- Es sind spezielle Transfusionsbestecke mit in die Tropfkammern integrierten Mikrofiltern zu verwenden.
- Zur Verdünnung von Erythrozytenkonzentraten darf ausschließlich physiologische Kochsalzlösung (*keine* Ringerlactatlösung!) verwendet werden. Weitere Medikamente dürfen unter keinen Umständen zugemischt werden.
- Nicht akut lebensnotwendige Transfusionen sind wegen der schlechteren Überwachungsbedingungen nicht über Nacht zu verabfolgen.
- Blutkonserven müssen dem entsprechenden Patienten besonders sorgfältig zugeordnet werden. Zusätzlich zum Namen müssen immer die auf der Konserve angegebenen Geburtsdaten verglichen werden. Die abschließende Testkartenkontrolle von AB0-Blutgruppe (Bedside-Test) ist vom transfundierenden Arzt erst unmittelbar vor der Transfusion durchzuführen.
- Die Patienten sind während der Transfusion gut zuzudecken, um eine eventuelle Transfusionsreaktion nicht mit Frösteln anderer Ursache zu verwechseln.
- Blutkonserven dürfen über längere Zeit ausschließlich in speziellen, erschütterungsfrei arbeitenden Konservenkühlschränken gelagert werden. Die vorübergehende Lagerung im üblichen Stationskühlschrank ist allenfalls für den aktuellen Tagesbedarf gestattet. Die Erwärmung auf Zimmertemperatur darf nicht durch Hilfsmittel beschleunigt werden.

- Leere Transfusionbeutel sind nach Abschluß der Transfusion noch mindestens 12 Stunden aufzubewahren, um auch mögliche Spätreaktionen klären zu können.

Symptome einer **Transfusionsreaktion können sein:** Unwohlsein, Übelkeit, Beklemmungsgefühl, Kopfschmerzen, Hitzegefühl, Schüttelfrost, Fieber. Seltener Tachykardie, Atemnot bei Bronchospasmus, Blutdruckabfall bis hin zum Schock.

Gehen Sie bei Verdacht auf eine Transfusionsreaktion folgendermaßen vor:

- Transfusion stoppen.
  Venösen Zugang belassen.
- Arzt benachrichtigen, Patienten überwachen.
- Zur Aufklärung Konserve, Begleitpapiere, Transfusionsbericht und 10 ml Empfängerblut (Serumröhrchen) zur Blutbank schicken.
- Nach einer stattgehabten Transfusionreaktion dürfen weitere Transfusionen erst nach Klärung der Ursache durch die zuständige Blutbank gegeben werden.

Soweit irgend möglich, sollten Fremdbluttransfusionen vermieden und durch Eigenblutkonserven oder Plasmaersatzlösungen ersetzt werden. Die fehlende Aufklärung des Patienten über die Möglichkeit einer Eigenblutspende stellt bei vorhersehbar transfusionsbedürftigen Wahleingriffen einen juristisch vorwerfbaren Behandlungsfehler dar.

Fremdbluttransfusionen sind die häufigste Ursache einer Hepatitis C.

3

Schwierigkeiten bei der Infusion

Checkliste für die Ursachensuche

- Stauschlauch nicht gelöst?
- Durchflußregler geschlossen?
- Durchstechdorn der Tropfkammer liegt noch innerhalb des Gummistopfens?
- Infusionsflasche nicht ausreichend belüftet?
  - Belüftungsöffnung der Tropfkammer noch mit Kappe verschlossen
  - Bakterienfilter im Belüftungsteil feucht oder verstopft
  - Separater Belüftungsschlauch nicht nach oben geführt, hängt neben der Infusionsflasche herab
- Wände des Infusionsschlauchs miteinander verklebt?
- Schlauch abgeknickt?
- Größere Luftblasen im System?
- Kanüle nicht durchgängig?
  - Kanülenlumen ist verstopft
  - Kanülenspitze liegt der Venenwand oder einer Venenklappe an
  - Kanülenspitze liegt paravasal
  - Zu kleine Kanülengröße bei hochviskösen Infusionslösungen
- Vene thrombosiert?
- Vene durch zirkulär angebrachtes Pflaster komprimiert?
- Statt der Vene wurde versehentlich eine Arterie punktiert?
- Die Infusionsflasche hängt zu tief?
- Zu viele Infusionen laufen über ein Mehrwegesystem?

Gefahren der Infusionstherapie

Luftembolie

Liegt eine Schlaufe der Infusionsleitung bei einer Schwerkraftinfusion mindestens 20 cm unter Herzniveau des Patienten, ist eine Luftinfusion mit großer Sicherheit ausgeschlossen.

Die Gefahr einer Luftembolie ist besonders groß

- Wenn eine Schwerkraft- und eine Pumpeninfusion (z.B. Perfusor) zusammengeschaltet werden.
  Ist der Infusionsbehälter der Schwerkraftinfusion leer, kann es passieren, daß bei gutem Abfluß in die Patientenvene Luft aus dem leeren Infusionsbehälter mitgezogen wird: Durch den im Vergleich zum Fördervolumen der Pumpe größeren Abfluß in die Vene wird Luft mitgezogen. Daher sollte der Zusammenfluß deutlich (mindestens 20 cm) unter Herzniveau des Patienten liegen.
- Durch Ansaugen von Luft durch den negativen Druck in herznahen Venen (V. subclavia, V. jugularis).
  Denken Sie an diese Gefahr insbesondere beim Wechseln von Infusionsflaschen oder -bestecken!

Mikroembolie

Durch Gummispäne aus dem Verschlußstopfen der Infusionsflasche oder durch sonstige Verunreinigungen der Infusionslösung.

Verwerfen Sie deshalb trübe Lösungen und verwenden Sie, zumindest bei Bluttransfusionen oder bei der Infusion makromolekularer oder hochkonzentrierter Lösungen, ausschließlich Schlauchsysteme mit eingebautem Mikrofilter.

Bakterielle Kontamination

Gerade Infusionen, die in der Regel ja über einen längeren Zeitraum laufen, spielen als Quelle für bakterielle Infektionen eine wichtige Rolle.

Mögliche Folgen sind eine Thrombophlebitis oder, besonders bei abwehrgeschwächten Intensivpatienten, eine lebensbedrohliche Kathetersepsis.

3

Häufige Kontaminationsquellen (nach DASCHNER)

- Fehlende Händedesinfektion
- Unsteriles Anbringen des Infusionssystems
- Verwendung von Belüftungssystemen ohne bakteriendichte Filter
- Unsteriles Zumischen von Arzneimitteln oder Elektrolytlösungen
- Unsterile Injektionen in das Latexstück des Infusionsschlauchs
- Diskonnektion des Schlauchsystems zur Messung des zentralen Venendrucks
- Diskonnektion des Schlauchsystems zur Blutentnahme für Laboruntersuchungen.

Regeln zur Vermeidung bakterieller Kontaminationen von Infusionslösungen

- Desinfizieren Sie vor jeder Manipulation am Infusionssystem gründlich die Hände.
- Achten Sie beim Anschluß des Infusionssystems auf strenge Sterilität.
- Fügen Sie der Infusion Arzneimittel oder Elektrolytlösungen nur unter sterilen Kautelen hinzu. Punktieren Sie hierzu steril den Gummistopfen, bevor Sie das Schlauchsystem anschließen.
- Spritzen Sie Zusatzlösungen auf keinen Fall mit einer Injektionskanüle nachträglich von oben in die hängende Infusionsflasche!
- Wenn möglich, sollten Medikamente über einen separaten venösen Zugang oder über ein Mehrwegesystem verabreicht werden und nicht der Infusion zugemischt werden.
- Wechseln Sie Infusionslösungen, denen Medikamente oder andere Lösungen zugemischt wurden, nach spätestens 12 Stunden. Bei Langzeitpatienten wechseln Sie das gesamte Infusionssystem nach spätestens 24 Stunden.
- Tauschen Sie beim Wechsel eines Zentralvenenkatheters das Infusionssystem grundsätzlich gegen ein neues aus.
- Entnehmen Sie Blut für Laboruntersuchungen möglichst getrennt und nicht aus dem venösen Zugang der Infusion.
- Verwenden Sie, z.B. bei Kurzinfusionen, möglichst Metall- und keine Plastikkanülen als venösen Zugang.

Unverträglichkeit (Inkompatibilität) unterschiedlicher Infusionslösungen

Eine besondere Gefahr bei der Zubereitung von Infusionslösungen besteht in der Mischung inkompatibler Lösungen (☞ S.83).

- Falls Sie verschiedene Lösungen in ein und derselben Infusion miteinander mischen, müssen Sie sich deshalb in jedem Einzelfall davon überzeugen, daß die vorgesehenen Lösungen auch tatsächlich miteinander kompatibel sind und nicht etwa ausfallen oder sich in ihrer Wirkung gegenseitig beeinträchtigen.
- Achten Sie auf die Kompatibilität auch bei der Verwendung verschiedener Infusionslösungen am Mehrwegesystem.

Mischen von Lösungen

Ein Problem, dem sicher noch nicht die notwendige Bedeutung beigemessen wird, ist die Wechselwirkung von Arzneimitteln bei deren Zusatz zu Infusionen.

Prinzipiell ist hierbei zu unterscheiden zwischen der

- **Mischspritze**, bei der verschiedene Injektionslösungen in einer Spritze vermengt und anschließend gemeinsam injiziert werden. Hierbei ist die Konzentration der zugeführten Medikamente hoch, im Einzelfall kann es zu ausgeprägten pH-Verschiebungen bei der durch das geringe Volumen eingeschränkten Pufferkapazität kommen.
- **Mischinfusion**, als einer Arzneimittelkombination, die entweder durch Mischen der Medikamente mit dem Gesamtvolumen einer Infusionslösung oder durch das *Hinzuspritzen* in das Schlauchsystem einer laufenden Infusion entsteht.
- **Infusionsmischung**, einer gleichzeitigen Applikation zweier oder mehrerer Infusionslösungen über ein gemeinsames Verbindungsstück.
- **Mischlösung**, bei der mehrere verschiedene Infusionslösungen vor ihrer Applikation in einem Mischbeutel zusammengefügt werden. So werden z.B. Antibiotika, Schmerzmittel, H_2-Rezeptorenblocker, Insulin und Gerinnungshemmer direkt der Infusionslösung zugesetzt und mit dieser gemischt dem Patienten über einen längeren Zeitraum zugeführt.

Inkompatibilitäten und Interaktionen

Inkompatibilitäten liegen vor, wenn in einem Arzneigemisch schon vor dessen Anwendung am Patienten durch physikalisch-chemische Reaktionen Veränderungen eintreten, die es für eine Verabreichung ungeeignet machen.

Von **Interaktionen** hingegen spricht man bei Wechselwirkungen von Arzneistoffen im und mit dem Organismus nach deren Applikation.

Um unerwünschte Wechselwirkungen möglichst zu vermeiden, sollten Sie auf folgendes Vorgehen achten (mod. nach C.E. HIPWELL, 1986):

- Wann immer möglich, geben Sie Medikamente gesondert.
- Vermeiden Sie Mischspritzen und Mischinfusionen.
- Halten Sie sich unbedingt an die Empfehlungen der Hersteller.
- Verwerfen Sie Mischungen mit makroskopisch sichtbaren Veränderungen. Benutzen Sie daher nie Plastikflaschen, um Mischungen herzustellen (schlechtere Transparenz).
- Vermeiden Sie unnötig lange Kontaktzeiten der Mischungsbestandteile.
- Mischen Sie nie Lösungen mit großen pH-Unterschieden.
- Verwenden Sie einfach zusammengesetzte Trägerlösungen.
- Vermeiden Sie die Zumischung von mehr als einem Medikament.
- Mischen Sie das erste Medikament mit der Trägerlösung, bevor Sie ein weiteres zusetzen.
- Verwenden Sie zubereitete Medikamentenmischungen oder Mischinfusionen sofort.

• Vermischen Sie zuerst zugesetzte Elektrolytlösungen, dann Medikamentenzusätze.

(!) Fragen Sie in Zweifelsfällen Ihren Apotheker.

Medikamente, die häufig zu Unverträglichkeiten führen		
Antibiotika	Kaliumacetat	Pethidinhydrochlorid
Aminophyllin	Kalziumchlorid	Thiopental-Natrium
Dobutamin	Kalziumglukonat	Vitamin B_1
Dopamin	Methylprednisolon	Vitamin B-Komplex plus
Furosemid	Morphinsulfat	Vitamin C
Heparin-Natrium	Natriumbikarbonat	

Einige Medikamente werden so stark an Plastikschläuchen (besonders PVC) adsorbiert, daß klinisch bedeutsame Wirkungsverluste resultieren können: z.B. Clomethiazol (Distraneurin®), Diazepam, Heparin, Insulin, Isosorbiddinitrat, Lidocain, Nitroglycerin.

- Vor Licht müssen geschützt werden: z.B. Amphotericin B, Folsäure, α-Liponsäure, Nifedipin, Nitroglycerin, Vit. B_2 (Riboflavin), Vit. B_6 (Pyridoxin), Vit. C (Ascorbinsäure).

- Als Trägerlösungen eignen sich z.B.
  - 5%ige Glucoselösung
  - 5%ige Fructoselösung
  - 5%ige Sorbitlösung
  - 5%ige Xylitlösung
  - 0,9%ige Natriumchloridlösung
  - Ringerlactatlösung.

Zu folgenden Lösungen sollten Sie *nie* andere Medikamente zumischen oder zuspritzen: Blut, Blutderivate, Aminosäurelösungen, Fettemulsionen, Osmotherapeutika, konzentrierte Elektrolytlösungen.

Infusionspumpensysteme

Besonders unter Bedingungen der Intensivmedizin, aber auch bei der Langzeitgabe hochwirksamer Pharmaka, haben sich Infusionspumpensysteme in den letzten Jahren zunehmend durchgesetzt. Die Vielfalt der Geräte und Systeme macht es unmöglich, im Rahmen dieses Kompendiums auf sämtliche Vor- und Nachteile sowie die möglichen Gefahren einzugehen, die diese modernen Techniken mit sich bringen.

Umso wichtiger ist es, sich die Grundproblematik deutlich zu machen und, wo immer möglich, die praktische Anwendung dieser Geräte in „Trockenkursen" zu üben, um festzustellen, wie sich Fehlbedienungen auswirken. Wir wollen hier stellvertretend einige grundsätzliche Fragen anschneiden, die für die Mehrzahl der heute verwendeten Geräte zutreffen.

Hinsichtlich des Bautyps werden folgende Systeme unterschieden:

- Tropfenzahl-regulierende Infusionspumpensysteme
- Volumen-errechnende Infusionspumpensysteme
- Volumen-gesteuerte Infusionspumpensysteme
- Spritzen-Infusionspumpen.

Infusionspumpensysteme gehören in der Regel zur Gruppe 1 nach den Vorschriften der Medizingeräte-Verordnung (MedGV). Sie dürfen deshalb nur von eingewiesenen Personen unter ärztlicher oder pflegerischer Kontrolle eingesetzt werden.

Der Anschluß an das Stromnetz darf nur unter Beachtung der Vorschriften nach DIN/VDE 0107 erfolgen.

- Die Geräte sind in aller Regel zum Einsatz in explosionsgefährdeter Umgebung weder geeignet noch zugelassen.
- Bevorzugen Sie Infusionspumpensysteme mit Folientastatur und eindeutigem Druckpunkt sowie akkustischem feed-back der Tastatureingaben.
- Spritzwassergeschützt heißt nicht wasserdicht. Auch moderne Geräte mit Folientastaturen dürfen nicht übermäßiger Feuchtigkeit ausgesetzt werden.
- Vermeiden Sie nach Möglichkeit Infusionspumpensysteme, bei denen die Förderrate während des Betriebs ohne Auslösen der Alarmfunktion verändert werden kann.
- Beachten Sie, daß die Alarmsysteme der gängigen Infusionspumpensysteme paravasale Infusionen nicht erkennen.

- Bevorzugen Sie Infusionspumpensysteme, bei denen die Alarmfunktion kurzfristig abgeschaltet werden kann, ohne das Alarmkabel zu entfernen. Häufig wird das Wiederanschließen des Kabels nach Arbeiten am Gerät sonst vergessen. Die Alarmfunktion sollte sich nach vorgegebener Zeit automatisch wieder einschalten, sofern das Gerät weiter in Betrieb bleibt.
- Bevorzugen Sie Rollenpumpen, bei denen bei Öffnen der Pumpentür eine mechanische Durchflußsperre wirksam wird. Dies verhindert ein unkontrolliertes Weiterfließen der Infusionslösung bei vollständig geöffneter Rollenklemme am Infusionsschlauch.
- Verwenden Sie fünfbeinige Infusionsständer.

Überprüfen Sie
- System auf Sauberkeit und Vollständigkeit
- Netzkabel sowie das Verbindungskabel zur Personenrufanlage auf makroskopisch erkennbare Defekte, z.B. in der Isolierung
- Alarmfunktion
- Führen Sie, soweit vorhanden, einen Selbst-Check durch.

- Verlegen Sie Infusionsleitungen knickfrei.
- Verschrauben Sie Schraubverbindungen (z.B. Luer-Lock) und stecken Sie sie nicht nur.
- Beseitigen Sie Luft oder Spiel vor der Verbindung des Systems mit dem Patienten.
- Verwenden Sie nur ausdrücklich für das betreffende Gerät zugelassenes Originalzubehör.
- Beachten Sie bei Rollenpumpen die Pumprichtung beim Einlegen des Infusionschlauches in die Pumpe.
- Verwenden Sie Rollen- und Peristaltikpumpen wegen der damit verbundenen Hämolysegefahr nicht für Bluttransfusionen.
- Öffnen Sie die Rollklemme am Infusionsschlauch vor Inbetriebnahme der Infusionspumpe.

Öffnen Sie die Rollklemme auf keinen Fall nachträglich, falls Sie dies zu Beginn vergessen haben. Es kann sonst zu unkontrollierbaren Bolusinjektionen kommen, wenn sich vor der geschlossenen Rollklemme ein höherer Druck aufgebaut hat.

Beachten Sie zudem die *Gefahr der Bolusinfusion* nach Infusionsstop aus anderer Ursache, z.B. durch Knick in der Infusionleitung, Kompression der Leitung von außen oder vorübergehender Verlegung des venösen Zugangs zum Patienten.

Diese Gefahr einer Bolusinjektion wächst bei

- Hochwirksamen oder hochkonzentrierten Medikamenten
- Längerer Stopdauer
- Langsamer Infusionsgeschwindigkeit
- Hohem maximalem Förderdruck der Pumpe
- Hohem Grenzdruck zur Auslösung der Alarmfunktion
- Elastischen Infusionsschläuchen.

- Wechseln Sie Infusionsspritzen nach Entleerung, Schlauchsysteme nach spätestens 24 Stunden.
- Bedenken Sie, daß auch eine optimal eingestellte Alarmfunktion immer einen Kompromiß darstellt.
  - Liegt die Alarmschwelle zu hoch, droht dem Patienten Gefahr, weil sie auch im Störungsfall nicht oder zumindest nicht rechtzeitig anspricht.
  - Liegt die Alarmschwelle zu tief, führen auch für die Patientensicherheit nicht relevante Schwankungen bei der Infusionssteuerung zu Fehlalarmen. Dies mindert die Reaktionsbereitschaft des Pflegepersonals, da die Pumpe „ja eh immer spinnt" und führt in vielen Fällen zum Abschalten der Alarmfunktion überhaupt.
- Beachten Sie, daß besonders bei tropfenzahlgesteuerten Infusionspumpensystemen das tatsächlich abgegebene Volumen wesentlich von der Tropfengröße abhängt. Wichtige Einflußgrößen hierfür sind
  - Konstruktion der Tropfkammer, z.B. die Größe der Abtropffläche
  - Tropfgeschwindigkeit; je größer die Tropfenzahl pro Minute, desto größer der Einzeltropfen
  - Neigung der Tropfkammer; achten Sie deshalb auf deren senkrechte Einstellung

- Viskosität der Infusionslösung
- Oberflächenspannung der Infusionslösung
- Temperatur.

Als Folge der genannten Faktoren resultieren Abweichungen der infundierten Menge bei tropfenzahlgesteuerten Infusionspumpensystemen von bis zu 10 % des eingestellten Volumens.

Parallelinfusionen

Unter Parallelinfusionen wird die gleichzeitige Gabe von mehreren Infusionen, die zusammengeführt und über einen Zugang in ein Gefäß gegeben werden, verstanden.

Neben Inkompatibilitäten gibt es eine Reihe von Gefahren, die ich kurz aufführen möchte.

Die Verwendung von Infusions(spritzen)pumpen bedeutet nicht automatisch mehr Sicherheit. So sinnvoll sie zur genauen Dosierung sein können, bergen sie auch spezielle Gefahren.

- Überschätzen Sie die Überwachungsfunktion der Pumpen nicht; z.B. kann bei kleinen Fördermengen die Verzögerungszeit bis zum Alarm 1 Stunde betragen.

Gefahren

Unterförderung: Ist der Abfluß gestört (z.B. abgeknickte Infusionsleitung), kommt es bei Kombination von Pumpen schnell zum Druckanstieg und – wenn der Widerstand nicht überwunden werden kann – zum Alarm. Ist dagegen gleichzeitig eine Schwertkraftinfusion angeschlossen, kann es sein, daß die Pumpe gegen den kleineren Widerstand in den Schwerkraftinfusionsbehälter hineinpumpt: Wichtige Medikamente erreichen den Patienten nicht, ein Alarm wird nicht ausgelöst.
Im übrigen kann bei paravasaler Lage der hohe Förderdruck der Pumpe schwerwiegende Folgen haben.

- Medikamentenbolus s.o.

3

- Läuft eine Infusionspumpe mit hoher Förderrate und eine Schwerkraftinfusion über einen gemeinsamen Schenkel, kann ein Sog entstehen, der die Schwerkraftinfusion schneller als eingestellt entleert.
- Luftinfusion (☞ S.79)
- Ruptur: ein eher seltenes Ereignis.

Sicherheitsmaßnahmen

Besonders anfällig sind Kombinationen aus Schwerkraft- und Pumpeninfusionen. Verwenden Sie die Kombination nur, wenn eine häufige Überwachung möglich ist.

- Die Infusionsleitung sollte in einem Bogen mindestens 20 cm unter dem Herzniveau des Patienten liegen, um Luftinfusionen zu vermeiden.
- Wählen Sie nicht zu kleine Förderraten, da der Alarm sonst eventuell zu spät ausgelöst wird.
- Werden mehrere Pumpen kombiniert, stellen Sie bei einem Gerät die Alarmschwelle für einen Druckanstieg möglichst niedrig ein.
- Nutzen Sie Überwachungsgeräte für Schwerkraftinfusionen und Rückschlagventile, die einen retrograden Fluß in die Schwerkraftinfusion verhindern.
- Hat ein Patient einen Mehrlumenkatheter oder mehrere venöse Zugänge, verteilen Sie die Infusionen auf verschiedene Lumen oder Zugänge. Parallelinfusionen allein rechtfertigen allerdings keinen Mehrlumenkatheter.

3.3 Venenverweilkanüle

Sollen Medikamente über längere Zeit zugeführt werden, beispielsweise als Infusion oder mit dem Perfusor, so besteht bei der Verwendung starrer Stahlkanülen insbesondere bei Kindern oder unruhigen Patienten die Gefahr des Durchstechens der Vene.

Für diesen Zweck hat sich die Verwendung flexibler Plastik- oder Teflonkanülen bewährt, deren Stahlmandrin nach erfolgter Venenpunktion entfernt wird. Der bekannteste Vertreter dieses Kanülentyps ist die sogenannte Braunüle®, die im Folgenden stellvertretend für ähnliche Systeme besprochen werden soll.

- Legen Sie Infusionen in der Regel am Unterarm, da hier die mechanische Reizung der Venen bei Bewegung geringer ist als in der Ellenbeuge.
- Falls Patienten vorhersehbar über lange Zeit Infusionen bekommen müssen, sollte man möglichst distal beginnen. So stehen bei einer möglichen Thrombosierung noch die proximalen Gefäßabschnitte zur Verfügung.
- Bei nierenkranken Patienten, die unter Umständen später hämodialysepflichtig werden könnten, müssen Sie Injektionen in Venen des distalen Unterarms soweit irgend möglich vermeiden. Diese werden eventuell später zur Anlage eines Dialyse-Shunts benötigt und dürfen hierzu nicht thrombosiert sein.
- Eine Venenverweilkanüle sollten i.d.R. nicht länger als 48 h liegen.

Gründe zum Wechseln eines venösen Zugangs (nach DASCHNER)

- Rötung der Einstichstelle
- Rötung im Verlauf der Vene
- Subkutanes Infiltrat an der Einstichstelle
- Austritt von Flüssigkeit oder Eiter aus der Einstichstelle
- Verlegung des venösen Zugangs
- Unklares Fieber
- Schmerzen.

3

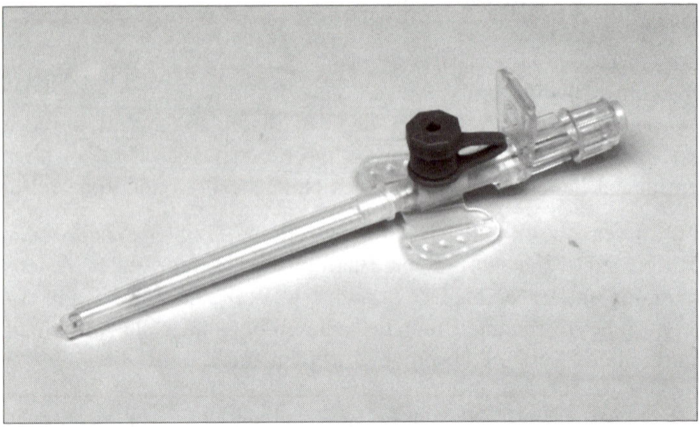

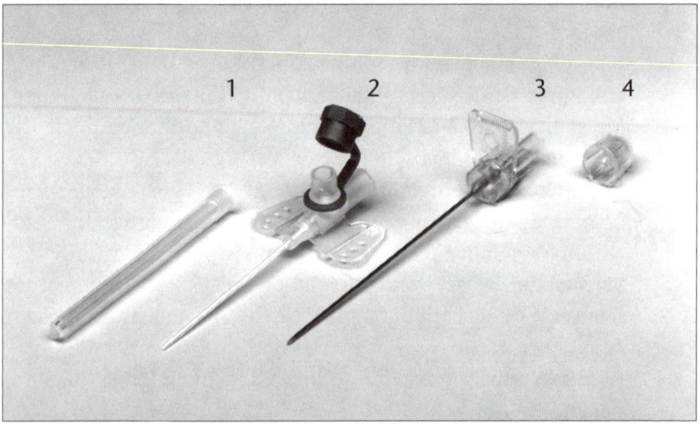

Abb. 3.2: Aufbau einer Venenverweilkanüle
a) Zusammengesetzte Braunüle
b) Einzelteile
1: Vordere Schutzkappe
2: Außenkanüle aus Plastik oder Teflon
3: Stahlinnenkanüle
4: Hintere Schutzkappe

Das Legen der Braunüle® (☞ Abb. 3.3)

Auswahl der Vene, Vorbereitung und Desinfektion sowie Anlegen des Stauschlauchs entsprechen dem im Abschnitt „Die intravenöse Injektion“ geschilderten Vorgehen.

Richten Sie sich zusätzlich Befestigungspflaster und eine Infusion.

Das Legen einer Braunüle ist wesentlich schmerzhafter als das Einstechen einer gewöhnlichen Injektionskanüle.

- Bei dicken Braunülen oder empfindlichen Patienten sollten Sie deshalb eine Intrakutanquaddel mit Lokalanästhetikum an der gewünschten Injektionsstelle setzen (siehe dort). Zusätzlich ritzen manche Kollegen die oberste Hautschicht noch mit Hilfe einer Lanzette an.

Nehmen Sie die Braunüle® wie in Abb. 3.3a zu sehen in die Hand. Mit der anderen Hand spannen und fixieren Sie die Haut distal der Einstichstelle.

- Für die eigentliche Punktion sind zwei Vorgehen üblich: Entweder wird die Haut durchstochen und in einem „Rutsch“ die Vene gleich punktiert *oder* die Vene wird nach dem Durchstechen der Haut mit einem zweiten Vorschieben punktiert. Das zweizeitige Vorgehen empfiehlt sich bei sehr derber Haut, dünnen Venen (die „aufgefädelt“ werden müssen) und schlecht tastbaren, tiefliegenden Venen.
- Die Haut wird zügig in einem Winkel von 45° durchstochen. Die Vene wird flacher (ca. 30°) punktiert.
- Sobald die Braunülenspitze intravasal liegt, wird Blut durch die Braunüle in die hintere Plastikschutzkappe fließen. Schieben sie die Braunüle dann noch 2–3 mm vor.
- Lösen Sie den Stauschlauch.
- Halten Sie das Plastikteil der Braunüle mit der einen Hand fest und ziehen Sie den Stahlmandrin (nur diesen, nicht die ganze Braunüle!) ca. 5 mm zurück, so daß dessen Spitze vollständig innerhalb des Plastikteils liegt. So hilft er einerseits, die flexible Plastikkanüle beim weiteren Vorschieben zu versteifen, kann aber andererseits die hintere Venenwand nicht mehr perforieren.
- Schieben Sie die Braunüle am Plastikteil (!) in die endgültige Lage in der Vene vor.

- Entfernen Sie nun den Stahlmandrin vollständig. Um ein Ausfließen des Blutes aus der Braunüle zu verhindern, können Sie die Vene von außen mit dem Finger komprimieren, und zwar an der Stelle, an der Sie das Ende des Plastikschlauches in der Vene tasten.
- Schließen Sie nun das Infusionssystem an.
  Kontrollieren Sie bei langsamer Tropfgeschwindigkeit, ob die Braunüle tatsächlich intravasal liegt.
- Befestigen Sie die Braunüle mit Pflasterstreifen.

Tips bei schlecht tastbaren Venen ☞ 2.9.

Legen einer Venenverweilkanüle (z.B. Braunüle®)

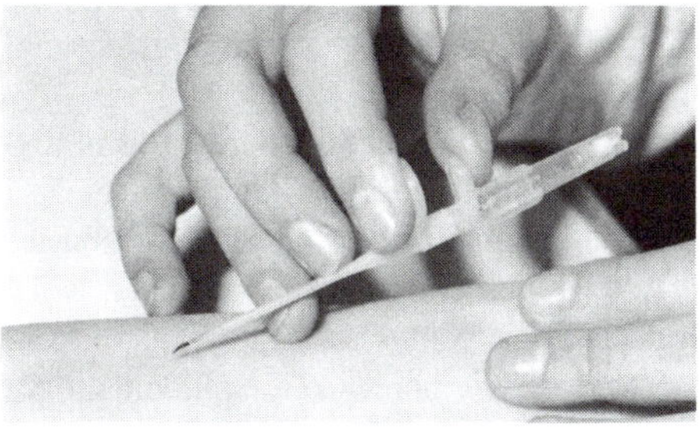

Haltung der Braunüle vor dem Einstich

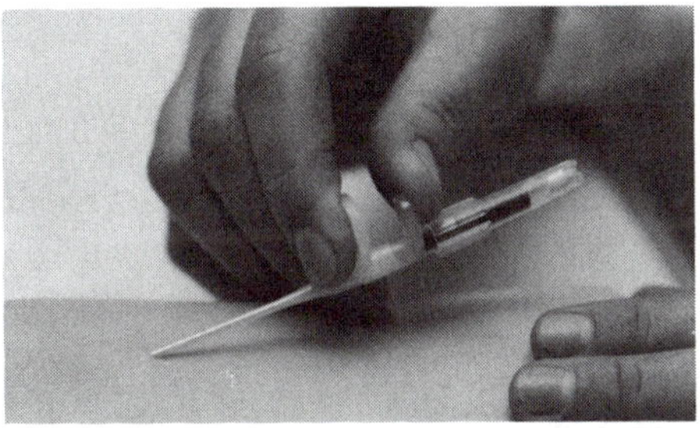

Die Vene ist punktiert, Blut tritt in die Abschlußkappe aus.

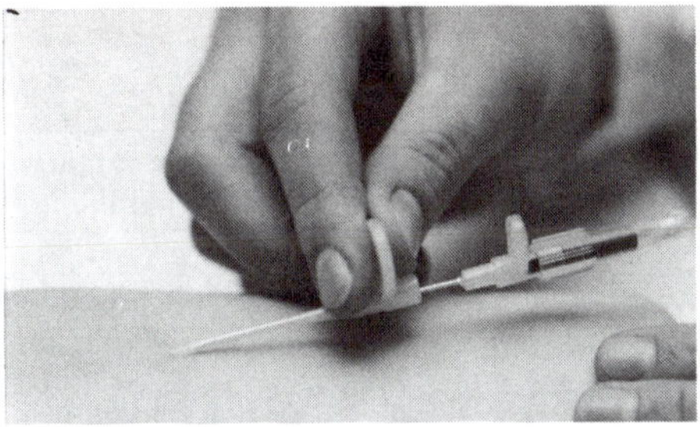

Der Stahlmandrin wird ca. 5 mm zurückgezogen.

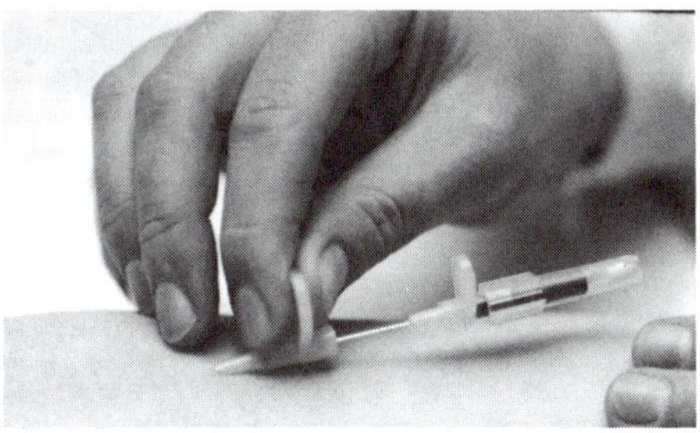

Bei zurückgezogenem Mandrin wird die Braunüle in ihre endgültige Lage vorgeschoben und anschließend fixiert.

Abb. 3.3

Komplikationen bei liegenden Venenverweilkanülen

- Thrombophlebitis: Die Kanüle muß entfernt werden. Auf die Einstichstelle wird ein Heparin-Salbenverband angelegt und das Areal gekühlt, z.B. mit Cool-Pack®.
- Entzündung der Einstichstelle: Die Kanüle wird entfernt und ein Salbenverband z.B. mit Polyvidon-Jod-Salbe angelegt.
- Pflasterallergie: Die Kanüle muß mit antiallergenem Pflaster oder Mullbinden fixiert werden. Unter Umständen wird zusätzlich eine Armschiene angebracht.
- Hämatombildung: Therapie wie bei Thrombophlebitis.
- Infusion ist paravenös gelaufen: Salbenverband und Kühlung des betroffenen Areals.

Pflege der Einstichstelle

Alle 24 bis 48 Stunden muß der Verband gewechselt werden, um die Wunde zu reinigen, zu desinfizieren und zu inspizieren. Die Kanüle muß sicher vor dem Herausrutschen fixiert werden. Eventuell muß eine Armschiene angelegt werden.

Durchflußraten von Verweilkanülen

Gauge	22G	20G	18G	17G	16G	14G
Farbe	blau	rosa	grün	gelb/ weiß	grau	braun
Außendurchmesser [mm]	0,8	1,0	1,2	1,4	1,7	2,0
Innendurchmesser [mm]	0,6	0,8	1,0	1,2	1,4	1,7
Durchfluß ml/Min. • wäßrige Infusion • Blut	 31 18	 54 31	 80 45	 125 76	 180 118	 270 172

3.4 Vena cava-Katheter

Indikation

Zu den *Indikationen* für einen zentralen Venenzugang gehören

- Längerfristige Infusionstherapie
- Applikation von hochkonzentrierten, hyperosmolaren oder im pH-Wert abweichenden Arzneimitteln
- Notwendigkeit der zentralen Venendruckmessung
- Fehlende Möglichkeiten für einen peripheren Zugang
- Dialyse ohne Shunt.

Es wird zwischen den peripheren und zentralen Zugangswegen unterschieden:

- *Periphere Zugangswege:* Vena basilica, Vena cephalica
- *Zentrale Zugangswege:* Vena jugularis externa und interna, Vena subclavia, Vena brachiocephalica, Vena saphena.

Richten Sie folgendes Material

Einmalpunktionsset entsprechend der Indikation und Lokalisation, beinhaltet i.d.R.

- Schlitztuch
- Anästhetikum (1%iges Lidocain)
- 10 ml 0,9%ige NaCl-Lösung
- 10 ml und 5 ml Injektionsspritze
- Kanülen
- 3-Wege-Hahn
- Sterile Tupfer

sowie

- Sterile Handschuhe
- Entsprechend langer Venenkatheter
- Hautreinigungs- und Desinfektionsmittel
- Evtl. atraumatisches Nahtmaterial
- Evtl. Skalpell
- Verbandmaterial.

Durchführung

Der V. cava-Katheter wird am häufigsten nach der Seldinger-Technik gelegt. Dabei wird eine großlumige Kanüle in die betreffende Vene gelegt, über die steril der Mandrin in das Gefäß vorgeschoben wird. Die Einführungskanüle wird danach entfernt und der Kunststoffkatheter über den Mandrin eingeführt. Nach der richtigen Positionierung der Katheterspitze wird der Mandrin gezogen. Anschließend muß der Katheter vor dem Herausrutschen gesichert werden. Es folgt der Anschluß an die Infusion und nach der Wundreinigung ein steriler Verband.

Komplikationen

- Arterielle Blutung
- Luftembolie
- Thrombophlebitis
- Pneumothorax Rhythmusstörungen
- Thrombose.

Pflege bei liegendem Venenzugang

Zu den Hauptaufgaben gehören die Überwachung der kontinuierlichen Infusionstherapie (der zentrale Venenkatheter darf nie abgeklemmt oder abgestöpselt werden!) und die tägliche Inspektion der Einstichstelle. Dazu gehört ebenfalls ein täglicher, in manchen Kliniken auch an jedem zweiten Tag durchgeführter aseptischer Verbandwechsel. Zur besseren Wundinspektion und Fixierung hat sich transparentes Verbandmaterial, z.B. Tegaderm®, bewährt. Der Verbandwechsel soll nicht mit gefärbten Hautdesinfektionsspray oder routinemäßig mit Polyvidon-Salbe geschehen, da dadurch die Farbe der Haut nicht mehr beurteilbar ist.

3.5 Implantierbare Portsysteme

Bei Patienten, bei denen über einen längeren Zeitraum, bei schlechten Gefäßverhältnissen oder gezielt in Gefäße, die über einer perkutane Punktion nicht zu erreichen sind, Medikamente verabreicht werden müssen, bietet sich die Implantation eines Portsystems an.

Hierbei werden in Lokalanästhesie oder Kurznarkose sogenannte Ports subkutan implantiert, deren Silikonmembran dann mit Spezialnadeln punktiert werden kann und die über einen Katheter mit dem gewünschten Gefäß verbunden werden.

Doppelportsysteme mit zwei getrennten Injektionskammern ermöglichen Langzeitinfusionen mit zusätzlicher Bolusgabe weiterer Medikamente und die parallele Blutentnahme bei laufender Infusion und verhindern Inkompatibilitätsreaktionen parallel zugeführter Medikamente.

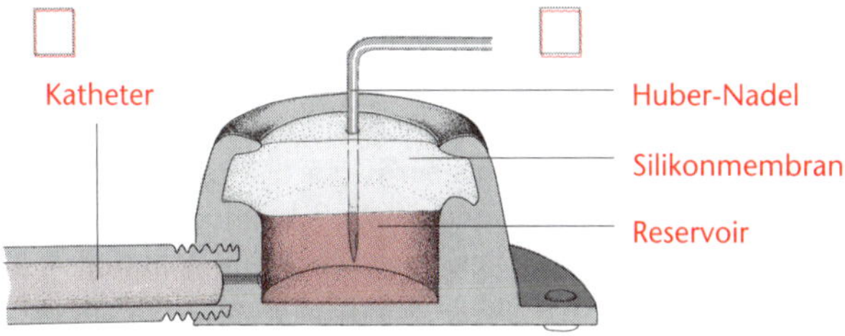

Abb. 3.4: Port

Indikationen

- Parenterale Langzeiternährung
- Systemische Langzeit-Chemotherapie
- Längerfristige Anwendung stark venenwandreizender Medikamente
- Längerfristige parenterale Therapie bei schlechten Venenverhältnissen
- Gezielte Organbehandlung, z.B. in der Chemotherapie von Lebermetastasen.

Lokalisation

- Intraarteriell (z.B. A. hepatica)
- Intravenös (z.B. V. subclavia dextra)
- Intraperitoneal.

Punktion

Da es sich bei den Portsystemen um Fremdkörper aus Titan, Epoxidharz und Silikon handelt und dies eine Keimbesiedelung erleichtert, sind die Regeln der Asepsis besonders streng zu beachten.

Zuerst wird die Haut über dem Portsystem gereinigt und anschließend deckend mit einem für diesen Zweck zugelassenen Desinfektionsmittel eingesprüht. Die vorgeschriebene Einwirkungszeit (mindestens 30, besser 60 Sekunden) ist unbedingt einzuhalten.

- Anschließend wird das Portsystem unter der Haut getastet – hierbei darf die voraussichtliche Einstichstelle auf keinen Fall berührt werden. Gegebenenfalls sind sterile Handschuhe zu verwenden.
- Der Kopf mit der Silikonmembran wird nun zwischen Zeige- und Mittelfinger der linken Hand fixiert, mit der anderen Hand wird die stanzarme Spezialkanüle senkrecht in das System eingestochen. Dabei ist nach Möglichkeit darauf zu achten, daß, entsprechend dem Injektionsschema bei ständig wiederholten subkutanen Injektionen, die Punktionsstelle der Silikonmembran ständig gewechselt und hierbei auch die außen gelegenen Membranteile einbezogen werden.
- Die Punktionskanüle darf andeutungsweise auf dem Titanboden des Portsystems auftreffen, hierdurch kann eine Injektion am Port vorbei sicher vermieden werden. Ein Umbiegen der Injektionskanülenspitze durch zu starkes Auftreffen auf den Boden der Portkammer sollte jedoch auf alle Fälle vermieden werden. Solche widerhakenartig umgebogenen Kanülenspitzen fügen dem Patienten beim Herausziehen unnötige Schmerzen zu und verkürzen zudem die Lebensdauer von Silikonmembran und Portsystem.
- Da die Silikonmembran des Ports beim Durchdringen der Punktionskanüle ein sehr charakeristisches Gefühl verursacht, ist eine Injektion am Port vorbei bei korrekter Technik nahezu ausgeschlossen. Bei sicher innerhalb des Ports gele-

gener Injektionskanüle sollte auf eine Aspiration verzichtet werden, um das Verstopfen von Gefäßkatheter oder Portsystem zu vermeiden. Auch kann zur Vermeidung von Blutgerinnseln abschließend Heparin injziert werden, sofern hierbei keine Inkompatibilitäten mit dem Hauptmedikament zu befürchten sind.

Hickman-Katheter

Beim Hickman-Katheter liegt die Katheter-Spitze in einer zentralen Vene. Der sehr langlebige Katheter wird durch einen subkutanen Tunnel (Infektionsschutz) nach außen geführt. Die Katheteraußenwand ist so gestaltet, daß Gewebe einwächst und so den Katheter fixiert. Infusionen können wie an einen zentralen Venenkatheter angeschlossen werden. Der Hickman-Katheter wird insbesondere im ambulanten Bereich eingesetzt, wenn längerfristig ein zentralvenöser Zugang notwendig ist. Er kann allerdings i.d.R. nur zweimal gelegt werden, je einmal rechts und links.
Probleme ergeben sich insbesondere durch die notwendige Schulung von den Personen, die mit dem Katheter umgehen (Angehörige, Gemeindeschwestern).

Da das außenliegende Katheterende direkte Verbindung mit einer zentralen Vene hat, müssen die Regeln der Asepsis besonders streng eingehalten werden.

- Denken Sie an die Gefahr einer Luftembolie.

4 Blutentnahme

4.1 BZ-Bestimmung aus Kapillarblut

Während sich die Bestimmung anderer Laborparameter trotz vereinfachter Technik (z.B. Reflotest®) insbesondere aufgrund des hohen Preises je Test nicht auf breiter Basis durchsetzen konnte, findet sich die Blutglukosebestimmung aus Kapillarblut als Standardverfahren nicht nur in Arztpraxen und in Krankenhäusern. Sie hat, insbesondere durch die sogenannte intensivierte Insulintherapie, auch bei der Selbstmessung der Blutglukosewerte durch den Patienten wesentlich an Bedeutung gewonnen.

Als weiteres Anwendungsgebiet wird sich in Zukunft möglicherweise die Quickwert-Selbstbestimmung von Patienten unter oraler Antikoagulatientherapie (z.B. Marcumar®) durchsetzen. Seit 1995 sind kleine, den Blutglukosetestgeräten vergleichbare Meßgeräte verfügbar, die mit Einmaltestträgern und Kapillar-Vollblut arbeiten und vom Patienten selbst bedient werden können. Dies könnte hinsichtlich der Qualität der Antikoagulation wesentliche Verbesserungen bringen.

Vor- und Nachteile

Vorteile

- Technisch einfach
- Von Laien durchführbar
- Wenig Zubehör notwendig.

Nachteile

- Nur geringe Blutmengen verfügbar
- Plasma und Serum nur schwierig herstellbar.

Wahl der Einstichstelle

Ohrläppchen

Vorteile

- Diese Methode ist für den Patienten weitgehend schmerzfrei.
- Sie erspart empfindlichen Patienten den Anblick ihres eigenen Blutes und vermindert hierdurch die Kollapsgefahr.

Nachteile

- Das Ohrläppchen ist schwieriger zu erreichen.
- Bei einer stärkeren kapillaren Blutung droht die Verschmutzung der Kleider des Patienten.
- Ein Pflaster ist etwas umständlicher anzubringen.

Fingerkuppe

Wählen Sie hierzu nach Möglichkeit den Ringfinger der nicht bevorzugten Hand, also bei Rechtshändern die linke und bei Linkshändern die rechte Hand. Vermeiden Sie den häufig vom Patienten angebotenen Zeigefinger.

Vorteile

- Bei der kapillären Blutentnahme durch den Patienten selbst scheidet das Ohrläppchen aus.
- Auch für einen fremden Untersucher ist die Hand leichter zugänglich und kann besser gelagert werden.

Nachteile

- Die Fingerkuppen enthalten zahlreiche Tastsinneskörperchen und gehören zu den empfindlichsten Körperstellen überhaupt. ⓘ Stechen Sie deshalb nie in die Fingerbeere, sondern immer in die Seite der Fingerkuppe.
- Die Infektionsgefahr ist im Bereich der Hand mit ihrem ständigen Kontakt zu keimbesiedelten Gegenständen größer als am Ohrläppchen.

Ferse

Die Kapillarblutentnahme aus der Ferse ist nur bei Neugeborenen und Säuglingen üblich. Sie wird für die Screeningtests auf Stoffwechselstörungen (Hypothyreose, Phenylketonurie) eingesetzt.

4

Technisches Vorgehen

Richten Sie
- Tupfer
- Benötigte Geräte
- Teststreifen
- Abwurfbehältnis für gebrauchte Lanzette
- Sterile Lanzetten
- Pflasterstreifen.

Kontrollieren Sie
- Verfalldatum der Teststreifen
- Übereinstimmung von Chargennummer der Teststreifen und Geräteeinstellung.

- Vergewissern Sie sich, daß die geplante Einstichstelle
  - Sauber
  - Weder entzündet noch ödematös
  - Gut durchblutet ist.
- Eine Desinfektion der Haut ist bei der kapillären Blutentnahme in der Regel nicht notwendig.

Stechen Sie mit der sterilen Lanzette schnell und ohne zu bohren senkrecht in die Haut ein.
(!) Bedenken Sie, daß ein zu zögerliches Einstechen den Patienten nur vordergründig schont.
- Sobald Sie zur Gewinnung eines ausreichend großen Bluttropfens pressen oder quetschen müssen, verfälscht dies die Meßwerte. Unter Umständen müssen Sie sogar nochmals neu einstechen, wenn die gewinnbare Blutmenge nicht ausreicht.

Hygiene

Eine Desinfektion der Haut, von vielen Autoren schon bei der subkutanen Injektion für unnötig erachtet, ist bei der kapillären Blutentnahme verzichtbar.

Der Patient sollte sich vor einem Einstich in die Fingerbeere allerdings die Hände mit Seife waschen.

- Sollten Sie die Einstichstelle dennoch desinfizieren, so müssen Sie sie vor der Punktion vollständig abtrocknen lassen. Bei den geringen Blutmengen, die zudem mit der Haut der Punktionsstelle in direkte Berührung kommen, können schon geringe Desinfektionsmittelreste die Testergebnisse verfälschen (Verdünnung, Veränderung der Testsubstanz).

Während bei der Blutglukose-Selbstmessung durch den Patienten für diesen selbst natürlich keine Infektionsgefahr besteht, drohen bei der Durchführung durch andere Personen bei einem Stich mit der gebrauchten Lanzette dieselben Gefahren wie bei Kanülenstichverletzungen (Hepatitis, AIDS).

Gebrauchte Lanzetten gehören deshalb weder auf den Labortisch noch zurück auf das Tablett oder in die ursprüngliche Verpackung, sondern unverzüglich und direkt in ein spezielles Abwurfgefäß, wie es auch für Injektionskanülen üblich ist. Sie gehören auch niemals ungeschützt in Papier(!)körbe oder einfache Abfallsäcke aus Plastik.

- Auch die kleinen Teststreifen lassen sich problemlos in der Kanülensammelbox entsorgen.

Ein Pflaster auf der Einstichstelle schützt nicht nur den Patienten vor Verschmutzung oder Infektion der Einstichstelle, sondern auch andere vor dem direkten Kontakt mit kleinen Blutstropfen, die noch kurze Zeit nach Punktion aus der Einstichstelle austreten können.

Meßgeräte

Grundsätzlich sollten Sie bei der Beschaffung von Blutglukosemeßgeräten folgendes beachten:

- Der Blutstropfen muß während der Messung nicht vom Teststreifen abgewischt werden.
- Das mit dem Blutstropfen benetzte Teststreifenende kommt nicht mit dem Meßgerät in Berührung und muß nicht in das Innere des Meßgeräts eingeführt werden.
- Die Teststreifen sind ausreichend lang, um Sie nach Abschluß der Messung aus dem Meßgerät entfernen zu können, ohne Gefahr zu laufen, mit dem Blutstropfen in Berührung zu kommen. Bauartbedingt sind hierbei Geräte im Vorteil, bei denen der Teststreifen nicht zwischen dem Teststreifenende mit dem aufgebrachten Blutstropfen und dem Gerätegehäuse gefaßt werden muß, sondern an dem dem Blutstropfen abgewandten Teststreifenende.
- Das Display zeigt das Ergebnis in großen, gut lesbaren Zahlen sowie wahlweise in mg/dl und in mmol/l an.
- Das Ende der Messung wird durch ein akustisches Signal angezeigt.
- Zumindest der letzte, besser noch mehrere vorhergehende Meßwerte werden im Gerät gespeichert.
- Meßreihen können auch über die EDV erfaßt und grafisch ausgewertet werden.
- Bedienerfehler werden nach Möglichkeit erkannt und im Display angezeigt.

Hinsichtlich der Meßergebnisse ist zu beachten, daß

- Glukosewerte im arteriellen Blut am höchsten sind, gefolgt von den Werten im Kapillarblut. Die niedrigsten Werte werden im venösen Blut gemessen,
- Glukosewerte im Vollblut um 10 % niedriger sind als in Plasma oder Serum.

Eine Umrechnung zwischen beiden Werte ist nach folgender Formel möglich:

Vollblutglukose = Plasmaglukose x (1-(0,0024 x Hämatokrit))

4.2 Arterialisiertes Kapillarblut für BGA

Um wiederholte Punktionen großer Arterien mit den hiermit verbundenen Gefahren für den Patienten zu vermeiden, kann für regelmäßige Blutgasanalysen arterialisiertes Kapillarblut verwendet werden.

Hierfür werden Ohrläppchen oder Fingerbeere mit Hilfe einer stark hyperämisierenden Salbe (z.B. Finalgon extra stark®) bestrichen, die anschließend 5 bis 10 Minuten einwirken muß.

- Ohrläppchen gründlich abwischen.
- Danach kann mit einer Lanzette, wie sie auch für die normale Kapillarblutentnahmen verwendet wird, punktiert werden.
- Das Blut wird luftblasenfrei in Mikrokapillaren aufgezogen und unmittelbar anschließend untersucht.

Aufgrund der nicht genau definierten Einwirkungszeit sowie der im Bereich des Kapillarsystems stark schwankenden Durchblutungsverhältnisse streuen die mit arterialisiertem Kapillarblut gewonnenen Ergebnisse stärker als die Ergebnisse, die aus dem Blut großer Arterien bestimmt wurden.

Die Methode kann bei Patienten mit Kreislaufzentralisation (z.B. Schock, starker Blutverlust, Unterkühlung) nicht verwendet werden.

Für Routineuntersuchungen auf Intensivstation oder in der pneumologischen Diagnostik stellt sie jedoch eine für den Patienten schonende Alternative zur Punktion von A. radialis oder A. femoralis dar.

4.3 Die venöse Blutentnahme

Welches Röhrchen für welche Untersuchung?

Container *	Untersuchung	Zusätze
Farblos/braun	klin. Chemie, Serologie, Kreuzprobe	Plastikkügelchen
Blau	Plasmaproben	NH_4-Heparin
Grün	Gerinnungstests, BSG	Na-Zitrat 3,8%
Lila	BSG	Na-Zitrat 3,8%
Orange	Blutgase, HLA-Typisierung, ionisiertes Ca^{2+}	Na-Heparin
Rot	Hämatologie	EDTA
Gelb	Laktat und Glucose	Na-Fluorid
Farblos	Vit. B_1, B_6, B_{12}, Vit. E, Folsäure	lichtgeschützt

* Farb-Codierung der Container unterscheidet sich in zwei Systeme: 1. Europäische Norm (s.o.) 2. US-Norm (ohne Beispiel)

Prinzipiell unterscheidet sich die venöse Blutentnahme nicht wesentlich von der intravenösen Injektion. Verfahren Sie deshalb wie dort angegeben bis zur Aspiration.

Falls Sie auch im Anschluß an die Blutentnahme nicht injizieren wollen, können Sie in diesem Fall auch die Venen der ulnaren Ellenbeugenseite nehmen, falls andere Venen schwer zu finden sind. (!) Machen Sie dies jedoch auf keinen Fall zur Regel!

Öffnen Sie nach der Venenpunktion den Stauschlauch nicht!

- Lassen Sie das Blut langsam abtropfen (je nach Zweck z.B. in Glas- oder EDTA-Röhrchen) oder ziehen Sie es langsam mit der Spritze ab (*Vorsicht:* Hämolyse!).
- Öffnen Sie erst anschließend den Stauschlauch.
- Verfahren Sie nun weiter wie bei der intravenösen Injektion angegeben.

- Falls Sie im Anschluß an die Blutentnahme (in dieser Reihenfolge) noch ein Medikament injizieren wollen, verfahren Sie weiter wie bei der intravenösen Injektion angegeben.

Bedenken Sie, daß bei bestimmten Blutabnahmesystemen (z.B. Vacutainer®) besondere Adapterzwischenstücke notwendig sind und bei deren Wechsel das ansonsten semi-geschlossene System geöffnet werden muß.

- Bei einzelnen Blutuntersuchungen können sich durch längeres Stauen Änderungen der Laborwerte ergeben.
  Hier ist es unter Umständen auch bei der venösen Blutentnahme ratsam, den Stauschlauch unmittelbar nach der Venenpunktion zu öffnen und das Blut dann, allerdings wesentlich langsamer, in ein Auffanggefäß tropfen zu lassen oder aufzuziehen.
- Muß Blut in mehrere verschiedene Auffanggefäße abgenommen werden, empfiehlt sich oft der Einsatz eines Butterfly-Systems mit flexiblem Ansatzschlauch.
- Beschriften Sie die Röhrchen vor der Blutentnahme oder kleben Sie die in größeren Labors üblichen Barcode-Etiketten auf. Sammeln Sie auf keinen Fall blutgefüllte Abnahmeröhrchen verschiedener Patienten vor deren Beschriftung und versuchen Sie nie, unbeschriftete Röhrchen durch ihre Lage auf dem Abnahmetablett bestimmten Patienten zuzuordnen!

Komplikationen ☞ 2.9.

4.4 Arterielle Blutentnahme

Die Punktion großer Arterien stellt in der Praxis sicher die Ausnahme dar und wird, da vergleichsweise schwierig, fast ausschließlich von Ärzten durchgeführt.

Sie dient einerseits der Gewinnung arteriellem Vollbluts zur Untersuchung des Säure-Basen-Status, andererseits können nach Punktion großer Arterien Katheter für Untersuchungen des Herz-Kreislauf-Systems (z.B. Linksherzkatheter) und der großen Gefäße eingeführt werden. Diese Katheter dienen einerseits der Einbringung von Medikamenten, z.B. bei arteriellen Durchblutungsstörungen, oder von Kontrastmitteln zur Röntgendarstellung. Andererseits können verengte Gefäßstellen mit Hilfe besonderer Ballonsonden auch therapeutisch aufgedehnt werden (sog. Dotter-Technik).

In der Regel werden für den arteriellen Zugang im Bereich der oberen Extremität entweder die A. radialis am Unterarm oder die A. cubitalis in der Ellenbeuge benutzt, im Bereich des Beines wird üblicherweise die A. femoralis unterhalb des Leistenbandes punktiert.

Allgemeine Hinweise zur Punktion von Arterien

Für die Punktion von Arterien sind zwei unterschiedliche Techniken üblich:

- Bei der *offenen* Punktionsmethode, bei der steriles Abdecken und die Verwendung steriler Handschuhe unabdingbar notwendig sind, wird die Arterie mit einer Kanüle direkt punktiert. Sobald das Gefäß getroffen wurde und arterielles Blut pulssynchron aus dem offenen Kanülenende ausströmt, kann dann eine Spritze aufgesetzt oder ein Katheter eingeführt werden. Diese Methode wird insbesondere dann benutzt, wenn sich zur Einführung eines Katheters die Diskonnektion des Systems ohnehin nicht vermeiden läßt.
- Bei der *geschlossenen* Punktionsmethode, wie sie insbesondere bei der Blutentnahme für die Blutgasanalyse verwendet wird, bleibt die Punktionskanüle mit der Spritze während der

gesamten Punktion verbunden. Hier reicht eine sorgfältige Reinigung und Desinfektion. Als Alternative zu Einmalspritzen aus Plastik, deren Stempel aufgrund des großen Reibungswiderstandes nicht durch den arteriellen Blutdruck allein zurückgeschoben werden, können hierfür Spezialspritzen aus Glas mit eingeschliffenem Stempel verwendet werden. Diese sind so leichtgängig, daß nach erfolgreicher Punktion der arterielle Blutdruck ausreicht, um die Spritze selbständig mit Blut zu füllen. Dies erleichtert die Punktion, bedeutet aber durch die notwendige Reinigung und Sterilisation der Spritzen einen zusätzlichen Aufwand.

Hinsichtlich der Wahl der Kanülengröße sind zwei gegenläufige Aspekte zu berücksichtigen:

- Ist die Kanüle *zu groß,* verstärkt dies die Gefahr von Nachblutungen und vergrößert aufgrund der stärkeren Traumatisierung der Arterienwand das Thromboserisiko.
- Ist die Kanüle *zu klein,* fehlt das pulssynchrone Ausströmen des Blutes nach erfolgreicher Punktion und es wächst das Risiko, das Gefäß zu durchstechen.

Für die Punktion der A. radialis haben sich Kanülen der Größen 12 und 14 bewährt, bei Punktionen der A. femoralis können auch größere oder Spezialkanülen für die Kathetertechnik verwendet werden.

Für eine BGA kann außer einer speziellen BGA-Spritze eine heparinisierte 2–5 ml Spritze genommen werden.

Auf einen luftdichten Abschluß ohne Luftblasen nach der Punktierung achten, z.B. Kanüle direkt an Konus auf fester Unterlage umknicken.

Punktion der A. radialis

Die A. radialis wird regelmäßig zur Pulstastung benutzt und ist auf an der radialen Beugeseite des Handgelenks in der Regel leicht tastbar.

Besonders vor wiederholten Punktionen, bei denen das Risiko eines thrombotischen Arterienverschlusses stark ansteigt, muß vorab geklärt werden, ob die A. ulnaris tatsächlich vorhanden ist, als anatomische Normvariante fehlt oder verschlossen ist; sonst ist bei einem Verschluß der A. radialis die Durchblutung der Hand nicht mehr gesichert. Dies kann doppelsonographisch geschehen oder durch den Allen-Test: A. radialis und A. ulnaris werden komprimiert. Nach ca. 1 Minute blaßt die Hand ab. Wird die Hand nach Freigabe der A. ulnaris nicht rasch rosig, ist die A. ulnaris verschlossen und die A. radialis darf nicht punktiert werden.

- Nach Abschluß der Punktion sollte das Gefäß für mindestens 5 bis 10 Minuten fest mit dem Finger komprimiert werden. Eventuell kann anschließend ein Druckverband mittels Kugeltupfer, der direkt über der Einstichstelle zu liegen kommt, das Risiko einer Nachblutung weiter vermindern.
- Wiederholte Punktionen der A. radialis sind nach Möglichkeit zu vermeiden. Wenn notwendig, sollte wegen der selteneren Komplikationen die Punktion der A. femoralis bevorzugt werden.

Überstrecken Sie das Handgelenk

- Palpieren Sie die A. radialis.
- Desinfizieren Sie die Punktionsstelle gründlich.
- Legen Sie den Zeigefinger proximal der Punktionsstelle auf die A. radialis und fixieren Sie distal mit dem Daumen die Haut.
- Puntieren Sie in einem Winkel von 30° unter leichtem Sog. Schieben Sie nicht zu schnell vor; oft spüren Sie, wie die relativ feste Arterienwand durchstochen wird.

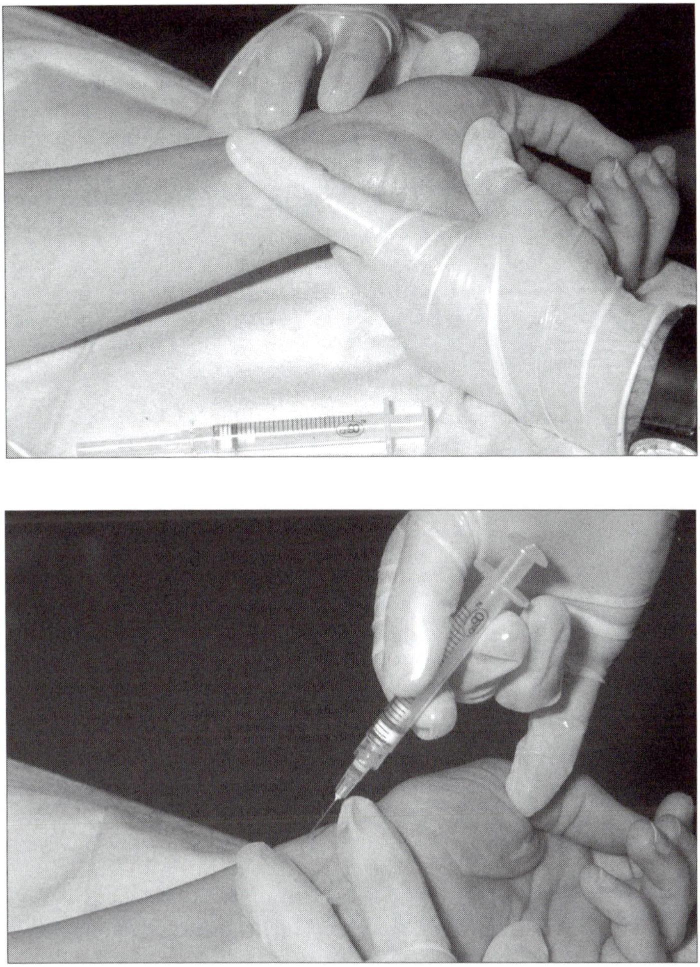

Abb. 4.1: Punktion der A. radialis

Punktion der A. femoralis

Voraussetzung für die Punktion der A. femoralis ist die genaue Kenntnis ihrer anatomischen Lage.
Sie liegt eingebettet zwischen V. femoralis (medial) und N. femoralis (lateral): Merkwort **IVAN** = **I**nnen **V**ene **A**ußen **N**erv. Ungefähr in der Mitte des Leistenbandes tritt sie in die Oberschenkelregion ein. An dieser Stelle ist ihr Puls auch gut zu tasten.

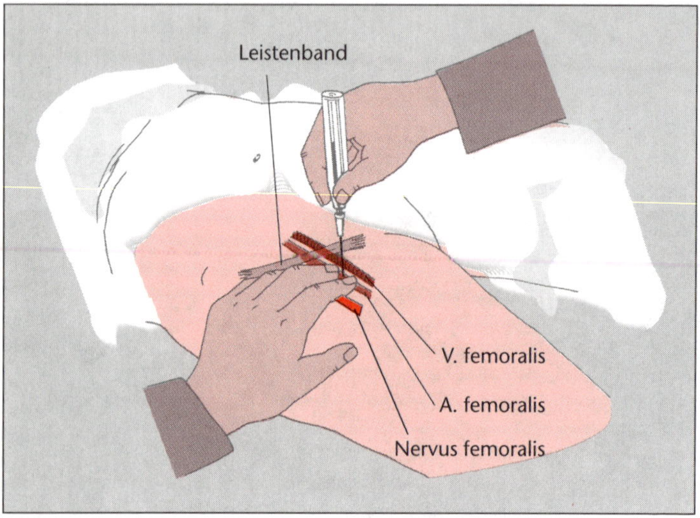

Abb. 4.2: Punktion der A. femoralis

Zur Punktion wird das Bein leicht abgespreizt und nach außen rotiert.

- Dann sticht man in einem Winkel von 90° direkt auf die getastete und zwischen zwei Fingern der linken Hand lokalisierte Arterie hin langsam ein.
- Sobald die Punktionskanüle sich der Arterie nähert, teilen sich deren Pulsationen der Kanüle mit. Je nach Abweichungsrichtung des geführten Kanülenendes läßt sich die Lage dann so korrigieren, daß die Kanüle das Gefäß sicher trifft.

Oft kommt erst beim langsamen Zurückziehen Blut.

Komplikationen

Durchstechen der Arterie

Aufgrund der im Vergleich zu Venen wesentlich dickeren Gefäßwand ist das Durchstechen der gegenseitigen Arterienwand bei vorsichtiger Punktiontechnik meist zu vermeiden. Man sollte besonders dünnlumige Kanülen nur langsam vorschieben, da hier das Blut nicht pulsierend austreten kann.

Hämatombildung

Infolge des arteriellen Blutdrucks kann es nach Arterienpunktionen zu ausgedehnten Hämatomen kommen, wenn nach der Punktion nicht genügend fest oder nicht genügend lange komprimiert wurde. Die Prognose dieser Hämatombildungen ist, von den sehr seltenen Hämatominfektionen abgesehen, sehr günstig. Dennoch sollte durch eine konsequente Kompression eine Nachblutung verhindert werden.

Arterielle Thrombose

Nach Einzelpunktionen selten, aber nach Injektionsserien oder bei wiederholten Infusionen kann es in Ausnahmefällen zu einer Thrombose der Arterie kommen. Sie tritt meist nicht sofort, sondern innerhalb der ersten 24 Stunden nach Eingriff auf und erfordert in der Regel eine gefäßchirurgische Intervention.

Arterielle Embolie

Sie gehört zu den seltenen Komplikationen der Punktion von Arterien. Am ehesten tritt sie bei stark arteriosklerotisch veränderten Gefäßen in Form winziger, klinisch oft kaum bedeutsamer Kalkembolien auf. GABKA empfiehlt zu ihrer Vermeidung besonders bei älteren Patienten mit deutlicher Arteriosklerose einen steileren Punktionswinkel bei der A. radialis von 60–70°.

Aneurysma

Besonders bei der offenen Punktion (z.B. Katheteruntersuchungen) entwickeln sich gelegentlich Aneurysmen. Sie fallen durch z.T. pulsierende Schwellungen und Schmerzen in der Leiste oder durch embolische periphere Verschlüsse auf.

5 Der anaphylaktische Schock

Ursachen

Ursache eines anaphylaktischen Schocks ist die Zufuhr körperfremder, allergen wirkender Substanzen.

In der Regel sind dies Polysaccharide, Fremdeiweiße oder Arzneimittel (z.B. Antibiotika, Procain-Lokalanästhetika, Röntgenkontrastmittel, Azetylsalizylsäure).

Der anaphylaktische Schock ist dosisunabhängig!
Er kann deshalb bei hochsensibilisierten Patienten auch schon nach der Injektion einer minimalen „Probedosis" auftreten.

Typische Krankheitszeichen

Die ersten Symptome treten in der Regel einige Sekunden bis mehrere Minuten nach Verabreichung des Allergens auf.

Meist handelt es sich dabei um
- Frösteln
- Generalisierten Juckreiz
- Quaddelbildung
- Generalisiertes Ödem
- Beklemmungsgefühl
- Atemnot, Bronchospasmus
- Übelkeit, Erbrechen
- Kopf-, Rückenschmerzen
- Durchfall.

Notfalltherapie

- Ruhe bewahren! Einen Arzt rufen!
- Venösen Zugang legen, nach Möglichkeit mit Venenverweilkanüle!
- Sauerstoff anbieten.
- Volumensubstitution (z.B. Macrodex®)
- Adrenalingabe. Dazu 1 Ampulle mit 1 ml Suprarenin® (Lösung 1:1000) mit 20 ml physiologischer Kochsalzlösung verdünnen.
- Hydro-Cortison, 100–200 mg i.v. oder Methyl-Prednisolon, 40–80 mg i.v. oder Triamicinolon 80–200 mg i.v.
- Antihistaminicum (Fenistil®, Tavegil®) i.v.

Halten Sie die Reihenfolge Adrenalin vor Glukokortikoid unbedingt ein: Die Adrenalinwirkung beginnt sofort, während Glukokortikoide 20 bis 30 Minuten bis zu ihrer vollen Wirkung benötigen. Das ist bei einem anaphylaktischen Schock eine lange Zeit!

- Richten Sie sich alle benötigten Notfallmedikamente griffbereit in einem besonderen Notfallset, das immer verfügbar sein muß, wenn Sie Eingriffe durchführen, bei denen die Gefahr allergischer Zwischenfälle droht.

6 Fragen zur Lernkontrolle

1. Warum kann Insulin nicht oral (z.B. in Tablettenform) gegeben werden?
2. Nennen Sie Beispiele für injizierbare Depot-Präparate.
3. Welche Punkte müssen Sie immer überprüfen, wenn Sie eine Ampulle zur Injektion richten?
4. Woran erkennen sie eine Brechampulle?
5. Warum sollten Sie Glasampullen nur mit Hilfe eines Zellstofftupfers aufbrechen?
6. Wie können Sie die leere Ampulle unverwechselbar der richtigen Spritze zuordnen?
7. Was versteht man unter Chargennummer?
   In welchen Fällen sollten Sie diese grundsätzlich notieren?
8. An welchen Veränderungen einer Injektionslösung können Sie erkennen, daß diese nicht mehr verwendet werden darf?
9. Warum sollten Sie Injektionsflüssigkeit nicht einfach in die Luft spritzen, wenn Sie die Luft aus der Spritze entfernen?
10. Nennen Sie wenigstens zwei Medikamentengruppen, bei denen Sie Hautkontakt auf alle Fälle vermeiden sollten.
    Begründen Sie dies.
11. Woran können sie möglicherweise erkennen, daß verwendete Geräte nicht mehr steril sind?
12. Bei welchen äußerlich erkennbaren Hautveränderungen sollten Sie eine Injektion in die betreffenden Hautareale nicht durchführen? Warum?
13. Worin besteht die größte Gefahr bei intraartikulären Injektionen?

14. Beschreiben Sie in Stichworten Erreger, Infektionsweg, Inkubationszeit, klinisches Bild sowie mögliche Vorbeugungsmaßnahmen der Hepatitis B.
    Bei welchen Personengruppen müssen Sie gehäuft mit einer Hepatitis B rechnen?

15. Was spricht dafür, Injektionen möglichst am liegenden Patienten durchzuführen?

16. Warum sollten Sie bei i.v. Injektionen die Venen der ulnaren Ellenbeugenhälfte meiden?

17. Worauf müssen Sie beim Desinfektionsmittel für die i.v. Injektion achten?
    Wie lange sollte es auf der Haut einwirken?

18. Auf welchen Wert müssen Sie die Blutdruckmanschette aufpumpen, wenn Sie sie als „Stauschlauch" verwenden?

19. In welchen Fällen sollten Sie Venenpunktion, Aspiration und Probeinjektion mit physiologischer NaCl-Lösung und nicht mit dem Medikament durchführen?

20. Warum dürfen Sie die Kanüle beim Auftreten von Komplikationen nicht aus der Vene entfernen?

21. Was wissen Sie über die Blutstillung nach i.v. Injektion?

22. Was sagen Sie Ihrem Patienten hinsichtlich der Verkehrstüchtigkeit nach allen Injektionen?

23. Warum dürfen Sie, wenn überhaupt, bei der Blutabnahme mit der Spritze das Blut nur sehr langsam abziehen?

24. Nennen Sie drei verschiedene Möglichkeiten zur besseren Darstellung schlecht tastbarer Venen.

25. Nennen Sie die typischen Symptome einer versehentlichen intraarteriellen Injektion, mögliche Ursachen sowie Grundprinzipien der Notfalltherapie.

26. Nennen Sie mindestens drei Kontraindikationen der intramuskulären Injektion.

27. Warum müssen Sie vor jeder i.m. Injektion unbedingt aspirieren? Was tun Sie bei Aspiration von Blut?

28. Was tun Sie, wenn Sie beim Einstechen der Kanüle auf dem Darmbeinknochen auftreffen?

29. Warum eignen sich Kanülen der Größe Nr. 1 bei Erwachsenen in der Regel nicht für i.m. Injektionen?

30. Warum dürfen Sie bei Schockpatienten nicht i.m. und subkutan injizieren?

31. Beschreiben Sie die Lokalisation der Injektionsstelle bei der Injektionstechnik nach v. HOCHSTETTER.
Warum ist die richtig Wahl der Injektionsstelle bei der i.m. Injektion so wichtig?
Beschreiben Sie mögliche Komplikationen bei falscher (zu tief liegender) Injektion.

32. Warum sollten Sie i.m. Injektionen grundsätzlich nicht am Oberarm geben?

33. Worin unterscheiden sich i.v.-Injektion und die Injektion in das Schlauchsystem einer laufenden Infusion hinsichtlich möglicher Komplikationen?

34. Nennen Sie typische Einsatzmöglichkeiten der intrakutanen Injektion. Woran erkennen Sie eine einwandfreie intrakutane Injektionstechnik?

35. Unter welchen Umständen erfüllt eine Injektion nicht den Tatbestand einer Körperverletzung?

36. Nennen Sie typische Kanülengrößen für die intravenöse, die intramuskuläre, die subkutane sowie die intrakutane Injektion.

37. Beschreiben Sie typische Ursachen, Symptome sowie Therapiemaßnahmen beim anaphylaktischen Schock.

38. Warum müssen Sie bei der Therapie des anaphylaktischen Schocks Adrenalin vor Kortikoiden geben?

39. Beschreiben Sie die Unterschiede zwischen Sterilisation und Desinfektion.

40. Beschreiben Sie den Unterschied zwischen Heißluftsterilisation und Dampfsterilisation im Autoklaven.

41. In welchen Fällen muß das Belüftungsventil der Tropfkammer der Infusionsbestecke verschlossen werden?
Nennen Sie zwei Gründe.

42. In welchen Fällen sollte das Infusionssystem einen Mikrofilter enthalten?

43. Warum sollten Sie beim Richten einer Infusion Flasche und Infusionsbesteck mit Datum und Uhrzeit versehen?

44. Warum sollten Sie die Tropfkammer beim Einstechen in den Gummistopfen der Infusionsflasche nicht mehrmals hin- und herdrehen?

45. Beschreiben Sie zwei unterschiedliche Möglichkeiten zum Füllen der Tropfkammer mit Infusionslösung.

46. Warum darf die Tropfkammer nicht zu weit und nicht zu wenig gefüllt sein?

47. Was müssen Sie beim Einstechen der Tropfkammer in kleine Infusionsflaschen beachten, um ein weitgehendes Leerlaufen der Flasche während der Infusion zu erreichen?

48. Welches Volumen in Millilitern hat ein Tropfen in den üblichen Tropfkammern der Infusionsbestecke?

49. Mit welchen Kanülengrößen sollten Injektionen in das Latex-Zwischenstück des Infusionsschlauchs durchgeführt werden? Warum?

50. Nennen Sie zwei typische Ursachen für das Zustandekommen von Luftembolien bei intravenösen Infusionen.
Wie können Sie dies verhindern?

51. Was versteht man unter Inkompatibilität von Infusionslösungen?

52. Nennen Sie typische Eintrittspforten für Bakterien bei Infusionen.

53. In welchen Abständen sollten Sie das Infusionssystem mindestens wechseln:
a) normalerweise?
b) wenn der Infusionslösung Medikamente oder Elektrolytlösungen zugeführt wurden?

54. Bei welchen Symptomen sollten Sie den venösen Zugang auf alle Fälle wechseln?

55. Worauf müssen Sie achten, falls Sie ausnahmsweise an dem Arm Blutdruck messen, an dem eine Infusion läuft?

7 Literaturverzeichnis

Abfallgesetz vom 27.8.1986

Becker, S.: Zuschlagpflichtig? Wieviel eines Medikaments verbleibt in der Kanüle? Die Schwester/Der Pfleger 8 (1995), 742

Bergman, N., Vellar, I.D.: Potential life-threatening variations of drug concentrations in intravenous systems, The Medical Journal of Australia 2 (1982) 270ff, zitiert in DÄ Nr. 8 (1983), 38

Bernau, A. et al.: Intraartikuläre Injektionen und Punktionen, Deutsches Ärzteblatt 85, Heft 3 (1988), B 74 – B76

Bohlken, G.: Injektionen, Infusionen, Transfusionen und Blutentnahmen durch das Krankenpflegepersonal, Fortschr. Med. 19, 6 (1980)

Braun-Falco, O., Kienitz, T.: Umschriebene Hautnekrosen nach intramuskulärer Injektion, Münch. med. Wschr. 1515 (1976)

Bundesseuchengesetz vom 12.9.1990

Cockshott, W.P. et al.: Intramuscular or intralipomatous injections?, New Engl. J. Med. 307 (1982), 356

Daschner, F.: Infektionskontrolle in Klinik und Praxis (Antibiotika, Krankenhaushygiene), Baden-Baden, Köln, New York 1981 (Verlag Witzstrock)
ders.: Hygiene auf Intensivstationen, Berlin, Heidelberg, New York 1981 (Springer-Verlag)
ders.: Infektionskrankheiten, 1983 (Springer-Verlag)

Dvorak, J.: Neue Techniken der intramuskulären Injektion, Münch. med. Wschr. 117, 832 (1975)

Fischer, W.: Peripher-venöse Punktion: Risiken und Komplikationen, Deutsch. Ärztebl. 83, Heft 6 (1986), 317–319

Fischer, W.: Zentral-venöse Punktion: Risiken und Komplikationen, Deutsch. Ärztebl. 89, Heft 8 (1986), 470–478

Gabka, J.: Injektions- und Infusionstechnik, Berlin, New York 1982 (Verlag de Gruyter)

Gelenkpunktion: 5 Minuten desinfizieren – alles andere reicht nicht, Med. Trib. Nr. 32 (1983), 16

Hahn, P.: Verabreichung von Injektionen durch nichtärztliche Mitarbeiter, Dtsch. med. Wschr. 231 (1983), 231–234

Hansen, H.T.: Praktische ärztliche Untersuchungs- und Behandlungstechnik, Stuttgart, New York 1981 (Thieme-Verlag)

Hentschel, N.: Zur Problematik der Behandlung von Krankenhausabfall, Öff. Gesundh.-Wesen 43 (1981), 117–118

v. Hochstetter, A.: Über die intraglutäale Injektion, ihre Komplikationen und deren Verhütung, Schweiz. med. Wschr. 1226 (1954)

v. Hochstetter, A.: Über Probleme und Technik der intraglutäalen Injektion, Schweiz. med. Wschr. 1138 (1955) und 69 (1956)

Hornig, C., Dorndorf, W.: Kombinierte Nervenschäden und Embolia cutis medikamentosa nach intraglutäaler Fehlinjektion, Dtsch. med. Wschr. 108 (1983), 221–223

Jacobs, P.: i.v.-Injektionen durch das Krankenpflegepersonal – erlaubt oder verboten?:
Folge 1: Kurze Erläuterung der für die Behandlung des Themas wichtigen Begriffe, Die Schwester/Der Pfleger 9 (1983) 697–700
Folge 2: Das Problem der Zulässigkeit von Transfusionen, Infusionen und Blutentnahme durch Krankenpflegekräfte, Die Schwester/Der Pfleger 10 (1983) 772–776
Folge 3: Die intravenöse Injektion durch Krankenpflegekräfte im Spiegel der Meinungen, Die Schwester/Der Pfleger 11 (1983) 856–859
Folge 4: Der aktuelle Stand der Diskussion, Die Schwester/Der Pfleger 12 (1983) 957–961
Folge 5: Schlußfolgerungen und ausgewählte Fälle aus der Rechtsprechung, Die Schwester/Der Pfleger 1 (1984) 22–25

Kaiser, H., Fischer, W.: Techniken der Injektion, München 1982 (Selecta-Verlag)

Ledoux, M., Hakenfort, M.: Behandlungspflege beim intravasalen Katheter, Die Schwester/Der Pfleger 23 (1984), 28–31

Liste der vom BGA geprüften und anerkannten Desinfektionsmittel und -verfahren (12. Ausgabe) vom März 1994

Liste der nach den „Richtlinien für die Prüfung chemischer Desinfektionsmittel" geprüften und von der Deutschen Gesellschaft für Hygiene und Mikrobiologie als wirksam empfundenen Desinfektionsverfahren, Stand 1.7.1994

McCormick, R.D., Maki, D.G.: Epidemiology of needle-stick-injuries in hospital personnel, Amer. J. Med. 70 (1981), 928

Merkblatt über die Vermeidung und Entsorgung von Abfällen aus öffentlichen und privaten Einrichtungen des Gesundheitsdienstes, Mai 1994 (LAGA-Merkblatt)

Müller-Vahl, H., Schliack, H.: Schäden durch intramuskuläre Injektion, Deutsch. Ärztebl. 82, Heft 37 (1985), 2626–2633

Sachtleben, P.: Die Crista-Methode der intraglutäalen Injektion, Deutsche Krankenpflegezeitschrift 10 (1983), 567–570

Schindel, H.-J.: Hygienische Gesichtspunkte bei der Beseitigung von Krankenhausabfällen, Öff. Gesundh.-Wesen 44 (1982), 316–318

Schutzimpfung gegen Hepatitis B wird empfohlen, Dtsch. med. Wschr. 107 (1982), 1603–1606

Schwarzmüller, E.: Infusionscocktails, Deutsche Krankenpflegezeitschrift 2 (1987), 105–111

Sefrin, P., Gatzenberger, H.: Die Infusion im Notfall, Der Allgemeinarzt Nr. 2 (1984), 98–102 und Nr. 3 (1984), 220–228

Tscheche, C.-H.: Alte Kanülen – ab in die Cola-Dose, Med. Trib. Nr. 10 (1984), 24

Versehentlich intraarteriell injiziert: So vermeiden Sie die Amputation, Med. Trib. Nr. 8 (1984), 47

Winter-Hill, B. et al.: Beobachtungen zur praktischen Durchführung von i.m. Injektionen Glutäalbereich, Pflege Band 3 (1990), Heft 2, 142–145

Wolfart, A., Ückert, H.: Subkutane und intramuskuläre Injektionen Folge 1–6, Die Schwester/Der Pfleger 2/4/7/9/11 (1994), 2 (1995)

8 Index

Bildnachweis

Titelbild, Abb. 2.3, Abb. 2.5, Abb. 2.7, Abb. 2.8, Abb. 2.9, Abb. 2.10, Abb. 2.11, Abb. 2.12, Abb. 2.13, Abb. 3.1: Eckhard Weimer, Aachen.